Grundkurs Philosophie / Ethik

マティアス・ルッツ＝バッハマン
Matthias Lutz-Bachmann

倫理学基礎講座

桐原隆弘 訳
Takahiro Kirihara

晃洋書房

Grundkurs Philosophie Band 7, Ethik

by

Matthias Lutz-Bachmann

Copyright © 2013 by Philipp Reclam jun. GmbH & Co. KG, Stuttgart
Japanese translation published by arrangement with
Philipp Reclam jun. Verlag GmbH
through The English Agency (Japan) Ltd.

序

　『哲学基礎講座』〔本書を含む著作集〕は，各巻を通じて理論哲学および実践哲学の中心諸問題への道案内となることを目指している．全巻に共通しているのは，大学講義での活発な議論を基盤としている点であり，哲学的倫理学への導入となる本書においても同様である．本「基礎講座」シリーズは同僚であるヴォルフガンク・デーテル教授の発案によるものであり，本書もまた重要な点においては形式上，レクラム出版によって提起された範型に従っており，今後の講義でも用いることができるように工夫されている．内容については，初学者が専門的な予備知識を持っていなくても，読み進める過程で哲学的倫理学の諸問題にみずから取り組むことができるようになっており，各章と各節は各々の問題設定についての議論を深めていくことができるように配慮されている．

　本書は基本的に，哲学史および現代哲学から倫理学上の基本的諸立場を伝授するのではなく，読者が本書の考察や提案を敷衍して，倫理学の概念規定，倫理学のモデル，倫理学の基本概念に関する反省をみずから行い，各自が哲学的考察に取り組むことができるように促すことを目指している．したがって，学習を進めていくうえでは本書以外にも辞典，著作集，さらには倫理学史の概説書といった資料が補助手段として欠かせない．この小著において私は，哲学的倫理学の中心的諸問題への導入を行い，かつ，哲学的倫理学が今日，いかなる体系的見地をもって，われわれ人間の振る舞いの道徳性または道徳的正当性という問いへの回答を吟味することができるかという点について提案を行う．

　フランクフルト大学での基礎講座の授業に積極的かつ批判的な姿勢でもって参加してくれた学生の皆さん，チューターおよびミットアルバイターの皆さんに心からの感謝を捧げたい．皆さんなくしては『倫理学基礎講座』を書物として完成させることはできなかったであろう．同様に，ウルズラ・クリューガー女史，およびフィリップ・シンク氏にも執筆および校正に際して支援いただいたことに感謝する．

日本語版序文

　2013年に出版された本書 *Grundkurs Philosophie Band 7, Ethik* の日本語への訳出につき，訳者である桐原隆弘教授に感謝を申し上げたい．本書は道徳的振る舞いおよび倫理的省察の体系的理論を含んでおり，すでに日本語に翻訳されている私の他の諸論考と密接な関連を持つ．既刊の他の著作として，『カントと永遠平和：世界市民という理念について』（ジェームズ・ボーマン，マティアス・ルッツ＝バッハマン編，紺野茂樹，田辺俊明，舟場保之訳，未来社，2006年），『平和構築の思想：グローバル化の途上で考える』（マティアス・ルッツ＝バッハマン，アンドレアス・ニーダーベルガー編著，舟場保之，御子柴善之監訳，2011年），『人権への権利：人権，民主主義そして国際政治』（ハウケ・ブルンクホルスト，ヴォルフガング・R・ケーラー，マティアス・ルッツ＝バッハマン編，舟場保之，御子柴善之監訳，2015年），『グローバル化時代の人権のために：哲学的考察』（御子柴善之，舟場保之，寺田俊郎共編，上智大学出版，2017年）が挙げられる．これらの著作に収録された私の諸論考は政治哲学を主眼としているが，本書で扱う倫理の哲学的基礎がこれらの論考の根底にあると言ってよい．

　本書ならびに上述の諸著作が，日本における実践哲学の研究ならびに教育に寄与することを願ってやまない．

　2017年10月1日

　　　　　　　　　　　　　マティアス・ルッツ＝バッハマン

目 次

序
日本語版序文

第1章　倫理学とは何か……………………………………………1
　1.1　哲学的倫理学　　（1）
　1.2　メタ倫理学　　（11）
　1.3　倫理学のさまざまな方法　　（20）

第2章　倫理学のモデル…………………………………………32
　2.1　アリストテレスの徳倫理学　　（32）
　2.2　功利主義的帰結主義　　（41）
　2.3　カントの義務論的倫理学　　（49）
　2.4　討議倫理学　　（63）

第3章　倫理学の基本概念………………………………………79
　3.1　行　　為　　（79）
　3.2　徳　　（88）
　3.3　善，正，正義　　（97）
　3.4　自由と責任　　（113）
　3.5　実　践　理　性　　（125）

第4章　応用倫理学………………………………………………139
　4.1　倫理原則の根拠付けおよび応用　　（139）
　4.2　道徳の多元化の時代における倫理学　　（142）
　4.3　応用倫理学の「中間」原理　　（144）

エピローグ　なぜ道徳的であるべきか　　（151）
訳者あとがき　　（157）
文　献　案　内　　（159）
索　　　引　　（167）

第1章　倫理学とは何か

1.1　哲学的倫理学

　哲学的倫理学は実践哲学の1つの部門に属する．総じて実践哲学は，われわれ人間の実践，すなわちわれわれの行為，われわれの事実上の振る舞いおよび可能な振る舞い，命じられた振る舞い，容認された振る舞い，さらにはその反対である禁止された振る舞いに取り組むだけでなく，行為の意図，目標，方法，これらに属している行為の規則，および行為に由来する，主体間で定められた振る舞いの諸制度にも取り組む．

　理論哲学と実践哲学の区別は**アリストテレス**（BC384-BC322）にさかのぼる．彼は実践哲学を経済学（Ökonomie; 文字通りには oikos すなわち〔家政〕に関する教説），政治学（Politik; 文字通りには polis すなわちギリシア都市国家に関する教説）および倫理学の3部門に分けた最初の人でもある．アリストテレスにとって哲学的倫理学は政治学の部分領域に過ぎなかった．なぜなら倫理学が探求する人間の振る舞いは，彼にとって都市国家においてのみ生じるものだったからである．

　哲学的倫理学は今日の哲学においては，もはや政治理論の一部であるにとどまらず，実践哲学の他の諸部門の基盤であると考えられている．というのは，哲学的倫理学はわれわれによる行為が（どの領域に属していようとも）われわれ自身にとっていかなる意味を持つかということを根本的に探究するからである．この場合，人間の振る舞いの幅広い領域には，空間および時間の中での外的活動だけではなく，人間が個人として行う熟慮，意志のたどる心的過程，意図および決定も含まれる．これらはしばしば外的行為となって現れるが，いつでもそうなるわけではない．倫理的関心の中心にあるのは，われわれは何ごとかを為すべきなのか，それともむしろ為さないでおくべきではないか，という問

いである．この意味において，不作為もまた，意識された自由な行いとして生じるならば行為として特徴付けることができる．この場合，振る舞いはつねにまったく特殊な，一度きりの，偶然的な行為の状況および文脈において遂行されるということが前提とされなければならない．

　人間の振る舞いに取り組む学問分野には，倫理学以外に社会学，文化学，法学，経済学，心理学などがある．さらに哲学の内部にも，行為する存在者としての人間を対象とする分野として哲学的人間学，政治哲学，宗教哲学などがある．神学においても同様に神学的倫理学が展開されている．これらすべての学問分野から哲学的倫理学が区別されるのは，それがわれわれ人間による振る舞いを道徳性 Moralität（または人倫性 Sittlichkeit）という主要な問いのもとで主題化し，その際，法学や神学におけるように特定の規範的諸前提に依拠することがないという点によってである．

　そこで哲学的倫理学においては以下のような問いが立てられる．特定の振る舞いまたは人間の意欲，行為の意図または目標，行為の規則または様態，行為にとって重要な態度，模範，徳等々を媒介する制度が道徳的に正しい richtig のかそれとも道徳的に誤っている falsch のか，善い gut のかそれとも悪い schlecht のか，正当である（正当化されている）gerecht（fertigt）のかそれとも正当でない（正当化されていない）ungerecht（fertigt）のか，道徳的に正統的である legitim のかそれとも正統的でない illegitim のか，それともこれらは場合によっては道徳的意義を持たず，（反道徳的 widermoralisch または非道徳的 unmoralisch 行為とは区別される意味で）道徳とは無関係の amoralisch 行為として倫理学の議論においては中心的位置を占めることはないのか，このような問いである．

　さらに，哲学的倫理学が吟味するわれわれの行為に関する道徳的判断は，「命じられている／禁止されている」「容認されている／容認されていない」「正義に適う／不正義である」「公平である／公平でない」「適切である／適切でない」といった述語によって表現される．その際哲学的倫理学は，既存のまたは少なくとも倫理学以外のところからとってこられた尺度を，探求される人間の行為および行為の意図，行為の規則，または行為の様態に適用することによって，その倫理学に先行するかまたは倫理学以外の尺度に照らし合わせて，いかなる行為，意図，制度等々が道徳的または非道徳的であり，さらには道徳に無関係

であるのかを決定するのではない．この点はまたしても哲学的倫理学が法学や神学などとは異なるところである．むしろ哲学的倫理学は道徳性の基盤となる基準（あるいは道徳的正当性）そのものをみずから探求するのであり，何よりまずその基準および道徳性の尺度を根拠付けることこそが哲学的倫理学の最重要課題の1つである．それと同時に倫理学的反省は，振る舞いの特定の状況において道徳的に正当なものを認識するのを手助けするのでなければならない．

したがって哲学的倫理学は，われわれ人間の振る舞いを道徳性の観点のもとで探求する学問分野として規定することができる．この「道徳的観点（moral point of view）」はさまざまな仕方ですでに行為そのものに組み込まれているものの（本書3.1参照），倫理学的反省はこれを明確に主題とする．この反省は自己省察を基本特徴とする．ここでは倫理学者は中立的な傍観者ではなく，原則上自分自身の行為を当該学問分野の「対象」としていることになるからである．哲学的倫理学は，特殊な行為，行為の個人的意図，行為の特定の様態あるいは普遍的な行為規則等々を道徳的に正当・正統であり，善いものであると，あるいは道徳的に誤っており，正統でなく，悪いと，あるいはさらに道徳的意義を持たず，道徳に関係しないと特徴付けるための根拠を（自己）反省的に探求し，主題とし，吟味し，評価する．

納得できる根拠を探求することをきっかけとして，哲学的倫理学は包括的な道徳性の理論を展開することにも貢献し続けることになる．とはいえこの理論は一方では，それが探求の対象としている人間の実践に適合するものでなければならない．このことが成功して初めて，道徳性の理論を実践理論と名付けることができるのである．哲学者の中には実践倫理を標榜することで振る舞いの要求に対する理論の適合性を強調する者もいる．そして他方では，探求される根拠が他の学問分野および哲学の他の諸分野と最大限関連付けられながら，理性的に正当化された根拠として示されるのでなければならない．

このような洞察に際しては，次の事情が考慮に入れられなければならない．すなわち，哲学的倫理学は，行為者がある行為，行為の意図，行為の様態，行為の規則が道徳性に適う，またはそうでないとの主張を行うための根拠を，まずもって客観的に距離をおく態度によって吟味するわけではない．このような態度は記述的手続きを経る科学における観察者の視点に対応していると言えよ

う.

　倫理学はむしろ根拠を,相互行為の参加者の視点からも,すなわち行為者自身および道徳性の観点に関する対話の参加者の視点からも解釈学的に再構成し,(自己)反省的に評価し,批判的に判定することができるのでなければならない.この参加者としての態度は当事者の視点としても特徴付けることができる.つまり倫理学者自身も生活世界の行為の文脈に結び付けられた当事者であり,自分の振る舞いにおいて倫理学的反省の結果にともに関与する者なのである.それゆえ哲学的倫理学においては方法論的に,複雑な外的状況を3人称の視点から客観化しつつ分析することにくわえて,解釈学的・意味批判的,対話的・コミュニケーション的な,自己反省的根拠付けを手続きとして行う1人称および2人称の視点もまた必要とされる.この視点において初めて他の人びとの行為の格率,行為の目標,および意図を適切に理解し,その実践的意義を評価し,その道徳的・規範的正当性または妥当性を論証を通じて吟味することができる.だがその際,哲学的倫理学がただ普遍的な原理または一般的な行為の格率を包括的根拠のもとで洞察し根拠付けることができるというだけでは不十分である.哲学的倫理学は実践理論として同時にまた,行為者,すなわち自分の振る舞いを倫理的に反省し,道徳的な見地から見て自分が何を為すべきか,何を為さざるべきかを問うわれわれ各人を,道徳的に正当なものを個人の行為の特定の状況に関しても規定することのできる状況に置くのでなければならない.

　それゆえ哲学的倫理学のプログラムは,道徳の理論的正当化という問いへの反省,または倫理学のモデル,基本概念,および普遍的原理の基礎付けという意味での道徳の普遍的根拠付けという問いへの反省だけではなく,われわれの行為の具体的個別状況およびさまざまな状況へのモデル,基本概念,および普遍的原理の応用という問いへの取り組みをも含んでいる.この意味において哲学的倫理学の内部においては,モデル,基本概念,および普遍的原理の理論的基礎付けの問題を,それらの応用の問題から区別することができる.倫理学のこれらの部門をそれぞれ「一般倫理学」および「応用倫理学」と名付けることができる.この区別に対応して,応用倫理学の中心課題は,特殊な事象領域または特定の行為連関との取り組みとなる.近年では応用倫理学(これに関しては

第4章参照）の内部において，さまざまな領域倫理が部分的に高度に専門化された応用的討議をともなって形成されてきている．たとえば生命医療倫理，エコロジー倫理，フェミニズム倫理，経済倫理，法倫理，動物倫理，技術倫理，メディア倫理などである．

　哲学的倫理学を単純に道徳哲学と名付けることには十分な根拠がある．この名称によって，倫理学が哲学の1つの部門として，哲学の認識方法およびその他の洞察を用いるということが明白に述べられているからである．それと同時に確実に言えることは，倫理学が「道徳」をその認識対象または主題として扱っているということである．これによって同時に「倫理学 Ethik」の概念が「道徳 Moral」の概念から区別される．倫理学は反省形式，理論形態または学問分野として道徳を考察の対象としてこれに関わるのである．

　すべてではないとしても大半の哲学者は倫理（学）と道徳に関するこの用語法に従っている．とはいえ，これらの概念の根底にあるギリシア語またはラテン語の用語は異なる解釈に余地を与えるのも事実である．倫理学 Ethik の概念に先立つギリシア語の ethos は「住み慣れた土地」「慣習」「性格」を意味し，道徳 Moral の概念の根底にあるラテン語の mos（複数形は mores）は「慣習」「習俗」「性格」を意味する．これらの概念がその都度何を意味するかは，それらが用いられる個々の文脈を詳細に見ていくことによって理解していかなければならない．

　われわれの関心の範囲では，道徳哲学 Moralphilosophie の概念において用いられている道徳 Moral という語（ドイツ語では Sitte というやや古風な語が依然として同義で用いられる）は，道徳的行為の領域を意味し，また行為者の見地から自身の価値選好および規範的態度を明確に表現し，人間の行為を導く価値基準，信念，行為規則および社会制度を意味する．したがって以下において「道徳」は単なる習慣，慣例，風習，伝統とは異なり，行為，行為規則および行為選好の間主観的・社会的・制度的構成体のことを意味する．ここにおいて当事者の見地から道徳性の要求および性格を承認し，またこれらを批判・否認することができるのである．この意味において，哲学的倫理学または道徳哲学は道徳における道徳性を反省し，道徳性を確証しまたは批判するための根拠，道徳性を実践において承認しまたは変更するための根拠を吟味し，探求し，展開する．

このことに対応して，哲学的倫理学は方法的基礎を持つ哲学の分野として，その出発点を道徳の中に持つ．すなわち倫理学は実際の生活の中の秩序から，また行為の体系あるいは連関から，さらに，行為間の相互作用がすでにそれらの振る舞いにおいて道徳性（または道徳的正当性）を要求する場合に，またその限りにおいて，この相互作用から出発する．そして振る舞いの分析においてこのことを明確化することもまた倫理学の課題である．これは行為規則の正統な妥当要求に他ならず，したがって同時に正統性要求の根拠付けを留保条件としている．実際の生活における道徳の内部で，相容れない要求事項の間または命令事項の間であれ（いわゆる道徳的義務の衝突），同一人物の行為の複数の格率間であれ（格率の多元主義），あるいはさまざまの行為の当事者の正統な意図の間または現実の諸関心の間であれ，ともかく衝突が発生した場合においては，道徳的衝突の問題および道徳的相違の経験に関して倫理学的に反省する必要が生じる．このような道徳性の相違の経験から，哲学史においてさまざまな倫理学の着想および論考が生まれまた発展し，それらの中でさまざまな道徳的経験が反映されるという結果がもたらされた．それゆえ複数の哲学的倫理学において根拠付けおよび競合する構想が還元不能の多元性を持つことを考慮に入れるのが理性に適っている．

　ここで道徳性の概念は，行為および行為の意図，行為規則または行為の複合体の道徳的正当性への要求と結び付いている．行為者はさしあたり自分自身の作為不作為に道徳的正当性があると，明示的であれ，暗示的であれ，主張するものである．そこで「道徳性」の概念はまずは，人びとが生活のさまざまの文脈および道徳体系において，自分自身の行為およびその原則を善い（ラテン語ではbonum）または道徳的に正当である（「推奨される」という意味での「善い」，一定の条件下で「命じられている」または「無条件に命じられている」）と評価することを促す態度の名称である．この意味において，「善い」という道徳的述語の多義性を想定しなければならない．この多様性が哲学的倫理学の根拠付けにとって体系上の重要性を持つことは明らかである．同様のことが道徳的に正当なものからの逸脱，あるいはまさに振る舞いを道徳的に誤っている，間違っている，悪い，あるいは道徳的義務に対する違反である（ラテン語ではmalum）と見なすことにも当てはまる．すでにこうした態度に基づいて，道徳性（または道徳的正

当性）を要求する振る舞いは，技術的機能性，実用的目的，経済的効率性または行為の戦略的・道具的合理性といった言語によって成功・成就が記述され根拠付けられるというタイプの他の行為とは根本的に区別される．さらにこのことに対応して，哲学的倫理学が求める振る舞いの道徳性（または道徳的正当性）の根拠は，他のタイプの行為の成功・成就を規定する根拠からは区別される．とはいえその際，道徳的正当性の基準が技術的・道具的合理性の成功の基準と合致すること，あるいは少なくともそれらが両立し，道徳的に正当なものが機能的にも良く，実用的に成功をおさめ，かつ効用を持つように見えるということはあらかじめ除外されるものではない．それにもかかわらずこれらの観点は体系的に考察され，互いに区別され得るのでなければならない（3.3参照）．

いずれにせよ「道徳的正当性」の根拠付けの射程と様態は，他のタイプの行為の成功の根拠から区別されるべきである．すなわち「道徳性」（または道徳的正当性）の観点は評価的性格および規範的性格を指し示しており，一定の行為を評価・判定し，これを容認し，推奨し，また命じる．この観点は行為を評価することによって，行為の正当性または非正当性を推奨・勧告の意味において，または模範の意味において明示する．狭義の規範的な態度決定は行為に対する要請であり，この要請を受け取る者が多かれ少なかれ拘束力を有する．条件付の（仮言的な）または無条件の（定言的な）規則を遵守するよう促す．だが少なくとも，規範的に表象され，命令または禁止の形式をとり得る要請を受け取る者は，理性によって導かれた意識的かつ自由な実践的遂行においてであれ，自身に向けられた拘束性要求に対する根拠付けられた批判および却下においてであれ，いずれにせよみずから根拠をもってこの要求に対して態度を決定することが求められている．

道徳性（または道徳的正当性）への要求は，道徳の行為世界内部において為され，道徳的衝突の場合においては哲学的倫理学によって反省的に吟味されなければならず，また正当化され得るものでもある．この要求は行為者自身が主体間で担う価値，規範および行為原理といった規則体系を目指すものだということは，まもなく明らかになるであろう．この規則体系は関係者の自由な合意によって迎えられるか，または十分な根拠によって批判を受けるかのいずれかである．とはいえ道徳性および倫理学の課題をめぐるこのような見方は，われわれ人間

に関する一定の解釈を前提としている．すなわち，われわれは自己を社会的（あるいはアリストテレスが言うように政治的(ポリス)）生物と見なしており，主体間で言語および理性を用いることができるということによって，われわれの生活世界において単に受動的に反応するだけではなく，能動的に行為するという前提である．このことから道徳および倫理学にとっては以下のことが帰結する．すなわち，われわれは単に自身の行為の客体・目標・遂行を選択する能力を持つだけではなく，行為規則および振る舞いの格率を自由な洞察によって反省的に認識し，選択し，是認し，遵守するか，またはそれらの正当性の基準を非難することもできるのである．この意味において，ここで概観した振る舞いの道徳性の理解はすでに，実践理性によるわれわれ人間の道徳的自律に関する一定の観念を前提としている．

　こうした考察は，倫理学の基本概念を解明する第3章の内容を先取りするものであるが，ここでは次のことを指摘しておきたい．すなわち，上述のような自律の観点によって，単に道徳性への要求を根拠付けるための重要な前提が示されているだけではなく，行為者の道徳的自由の，無条件に要求される（すなわち義務となる gesollt）相互の（主体間の）承認という意味での自律によって同時に，哲学的倫理学そのものの基本的な規範的基準もまた示されている，ということである．自律は基本的で不可欠の，その意味で必要な，正しいまたは善い振る舞いの道徳性のための規範的基準，および振る舞いの基礎となる格率および原理の性質として特徴付けることができる．しかし後に示されるように，このことだけでは道徳的に正当なまたは善い振る舞いのための，規範的に重要なすべての観点を満たしたことにはならない．それゆえ自律の観点だけではいまだ十分ではない（3.3参照）．

　哲学的倫理学の歴史を描くにあたって，倫理学において中心的位置を占める人間の自律という基準は，**カント**（Immanuel Kant, 1724-1804）の哲学と結び付けられているが，これは正当なことである．だがカントはこの洞察を定式化した唯一の倫理学者でも最初の倫理学者でもない．彼は特定の形態における自律の原理がそれ以上遡ることができないということへの洞察を詳細に提示しており，この洞察は彼の哲学の全体構想に対応している．カントはその際，人間の道徳性（または人倫性）を，彼のいわゆる純粋実践理性によって人間の主観的意

志に対して命じられる道徳法則に合致することに見出している．これに対し，カント以前の哲学的倫理学において主張された道徳性の構想は，人間の主観的自律の意味における自由の原理に体系的に基づくものではなく，客観的に提示されていると考えられた自然的秩序に基づくものであった．

このことの古典的事例として，古代哲学史から以下の3つを挙げることができよう．

(1) **プラトン**（BC427-BC347）は理想国家における道徳の道徳性を，善と正義のイデアへの洞察によりいわば客観的または理論的に基礎付けられた実践の帰結として解釈した．この実践に対して哲学者は国家の王として法を与えるものと考えられている．

(2) これに対し**アリストテレス**は自由な国家市民の道徳的振る舞いの道徳性を〔理論的課題ではなく〕実践的課題であると考えた．彼によれば道徳性は，古代の奴隷制社会において（少数の）自由民が，所有，徳および自己支配（自足生活〔アウタルケイア〕）に基づき，客観的に与えられた自然本性に即して自身の努力および行為を改善し続けることによって，都市国家において市民同胞とともに幸福な生を送るという点にある．ここでは一方では，道徳性が主観的選好に即した実践として理解されているが，それと同時に他方では客観的な道徳的先与条件に即した実践としても理解されている．

(3) **ストア派**の哲学における道徳性の構想は，今日に至るまで哲学的倫理学に多大な影響を及ぼしているが，これはアリストテレスの構想以上に，人間の努力および行為が宇宙〔コスモス〕の永遠の秩序と合致することを目指している．ストア派の倫理学に従えば，人間はこの秩序にこそ適合しなければならない．人間はこの秩序を内面化することによって，その客観的法則から自身の道徳的アイデンティティを展開していくのでなければならない．世界と宇宙とを支配する法則の必然性を洞察することによって，人間は道徳的に自由となり，自身が世界市民的〔コスモポリティシュ〕世界秩序の市民であることを証明するということになる．

これらの倫理学構想のいずれからも，カントによる人間の道徳的自律の理念は明確に区別される．これらの倫理学構想は「他律」であると非難されるが，そうした非難がどの程度妥当であるかは議論の余地がある（2.3参照）．

[練習問題]
1. 哲学的倫理学を「道徳的観点」を採用する実践的学問の1つの部門であると特徴付けることは何を意味するだろうか．
2. 倫理学の基礎付けに対して参加者の視点はどのような意味を持つだろうか．
3. 倫理（学）と道徳はそれぞれどのようにして区別され，また同時に相互に関連付けられるだろうか．
4. 倫理学が道徳の道徳性に関わるとはどのようなことを意味するだろうか．
5. 倫理学を道徳的自律に依拠して根拠付けることを支持する理由にはどのようなものがあるだろうか．

❶ 哲学的倫理学

　哲学的倫理学は実践哲学の1つの部門であり，人間の振る舞いに関する諸問題を扱う．哲学的倫理学はとりわけ振る舞いの道徳性（または道徳的正当性）を問い，道徳的に正しい・善いことまたは道徳的に誤っている・悪いこと，さらに正義に適うことまたは不正義の区別に照らして，道徳性の根拠付けの基準を探求する．

　哲学的倫理学は実践理論として，道徳的実践のために求められる認識を得ることを目指す．その際，客観的事態や行為の状況に加えて，参加者の視点（ないしは行為者の視点），すなわち振る舞いに参加している1人称または2人称の視点を採用することが求められる．

　哲学的倫理学は道徳哲学として，道徳の道徳性（または道徳的正当性）への要求を吟味し，根拠付け，また批判する．その際倫理学は道徳性への要求に対し批判的・反省的に関与するため，道徳そのものからは区別されなければならない．

　振る舞いの道徳性に関する根拠付けられるべき基準は，経済的効率性や行為の戦略的・道具的合理性といった他のタイプの行為の成功基準とは異なる．このことはすでに日常的に，道徳的振る舞いを善く正しい，義務付けられ命じられている，価値があり推奨される，と特徴付けることから明らかである．

　日常生活の道徳体系がそれ自身要求する道徳性は，評価的（価値付けに関わる）または規範的（指図する）基本特徴を有する．これは単に行為を容認しまた評価するだけではなく，同時に行為に対して要求を行い，または行為を道徳的義務として命じまた禁止する．このことは行為の仮言的および定言的な規範規則を根拠付ける（54-59頁参照）．

正しく理解された道徳性は人間の道徳的自律に関わる．「自律」とは，行為，行為の格率，行為の視点および行為の制度の正当性への道徳的要求を，実践理性を手段として自己反省的に吟味し，確証し，また批判することを意味する．
　道徳性のこのような理解は，カントの実践哲学において定式化されているような洞察に対応している．自律への結び付きを失ったならば，道徳性は客観的に表象された正当性の観念となり，人間は道徳的であろうと望むならばただこれに適応し得るだけのものとなる．こうして倫理学においては他律の問題が立てられることになり，それはプラトン，アリストテレス，ストア派に関して異なる仕方で論議されている．

1.2　メタ倫理学

　メタ倫理学は，振る舞いに関する実践理論という意味での倫理学からは区別されなければならない．倫理学とは異なり，メタ倫理学は振る舞いにその道徳性（または道徳的正当性）の面から直接取り組むのではなく，道徳において使用され倫理学において反省される述語の論理的・意味論的意義および（存在に関する）存在論的意義に取り組む．「善い」「悪い」，「道徳的に正当である」「道徳的に誤っている」といった述語，およびこれらの述語によって形成される言明がメタ倫理学の対象である．したがってメタ倫理学はそれ自身，行為の道徳的性質に関して内容的言明を行うわけではなく，それに対しては一定程度中立的態度をとる．それにくわえてメタ倫理学は倫理学的言明および行為の道徳的解釈の論理的・意味論的分析に関し，倫理学理論における基本的概念の枠組みを詳述することにより，倫理学理論の根拠付けには間接的に貢献するに過ぎない．そこでメタ倫理学は哲学全体においては倫理学に属し，倫理学の理論的反省を行うものの，それ自身何らかの実践的基本特徴を持つわけではない．メタ倫理学が目標とするところは道徳的に正当なまたはよりよい*実践*ではなく，より深く構想されたまたはより広範に反省された*理論*である．倫理学「に関するüber」理論的反省としてメタ倫理学は倫理学「を超えてüber」考察する．「メタ」倫理学という名称はこのように説明することができる（ギリシア語のmetaは「の後でnach」および「を超えてüber」を意味する）．

すべての重要な哲学的倫理学において，メタ倫理学的反省の跡をたどることができる．だが「メタ倫理学」という表現が倫理学的言明の論理およびその実在との関連に関する理論的に動機付けられた反省の名称として知られるようになったのは，20世紀における科学理論〔科学哲学〕および言語哲学，とりわけ論理実証主義および分析哲学の勃興によってである．そこでメタ倫理学が主題とするのは，倫理学的言明の言語的・存在論的・認識論的諸局面に関する問いである．

　かねてよりメタ倫理学の議論において中心領域を形成しているのは，人間の行為の道徳性への要求が倫理学理論において認識論的または言明論理的に正当化し得るか否か，またいかにして正当化し得るか，という問いである．メタ倫理学のこの探究のプログラムは，倫理学を提唱する人びとの側において，そもそもメタ倫理学は倫理学の試みを適切に評価し，道徳的行為の道徳性を吟味し，批判し，または根拠付けることのできる状態にあるのか，できるとすればどの程度においてなのか，という反問を引き起こすことが少なくない．というのは，この反問によれば，それができるためにはある実践的な「道徳的観点（moral point of view）」を採用すること，したがってまた参加者または行為者の視点を採用することが必要となると思われるからである．だがメタ倫理学を提唱する大半の人びとの自己理解およびプログラムはこのような要求に対応していない．

　メタ倫理学はこのように行為者自身の視点を採用せず，方法的根拠からそれが消去されているという特殊性を有するが，このことは倫理学の根拠付けにおいて循環を避けることができないということから生じる，倫理学における厳密性の問題に対応している．というのは，道徳の正当性への要求を倫理学的に反省することはそれ自身，道徳的生活世界の一部であり，すでに見てきたようにかなりの程度，われわれ行為者自身による道徳性への自己反省として遂行されるからである．この事情により，いかなる倫理学理論もその反省の過程において一定程度の循環性を避けることができないという論理的問題に直面する．この循環性は倫理学の根拠付けには必ずしも該当しないが，倫理学の遂行には該当する．哲学的倫理学のこの方法論的問題に答えるにあたって，メタ倫理学はいわば外部から倫理学の言語およびそこで検討される振る舞いの道徳的問題を

見わたそうとするのである．

　すでに**アリストテレス**は彼の倫理学においてこの方法的問題を認識し，ある種のメタ倫理学的反省によってこれを処理しようとしていた．『ニコマコス倫理学』第1巻において彼は，倫理学の認識問題およびそこから生じる倫理学の認識要求の限界を主題としている．アリストテレスからすれば一方において，倫理学者が振る舞いにおける実践的経験を意のままにできること，および倫理学において自分自身と自己の振る舞いを熟考することは必要なことである．それゆえ倫理学者は倫理学において，自然研究者や数学者のように外部からの客観化する視線によって考察の客体にアプローチすることはない．だが他方において，倫理学理論がその目標を見失わないためには，倫理学者は必要とされる普遍性をもって道徳的善の基準への問いに対して意見を表明しなければならない．ところがアリストテレスによれば，そうすることによって倫理学はその認識の遂行において，暫定的な程度の学問的普遍性と精確性を超えることがどうしてもできなくなる．倫理学の洞察は原理上，けっして完結したものではなく，道徳的に正当なものまたは命じられたものについての倫理学の認識はある種の見取り図または近似値として表現することができるに過ぎない．そこでアリストテレスは実際に，倫理学理論は少なくとも決定的ないくつかの点においては，振る舞いに備わると考えられる一定程度の普遍的な規則性を定式化すべく腐心するとはいえ，その一方で，いかなる振る舞いもその一回性において偶然的な特徴を持つものであるということを洞察したのである．

　現代のメタ倫理学の議論において中心を占めているのは，倫理学が探求しなければならない道徳的正当性への要求は合理的に適切な仕方で吟味され，一義的な認識として決定されることが可能であるか否かという問いである．この問いに対しメタ倫理学は根本的に異なるさまざまな回答を与えてきたが，その異なる特徴にもかかわらずいくつかの基本的想定を共有している．そこで認知主義と非認知主義，実在論と反実在論というメタ倫理学における対立する立場を検討してみよう．

　メタ倫理学者のうち，**非認知主義**の提唱者は，行為または行為規則の道徳的正当性への要求は一義的に認識することができず，また合理的結論として根拠付けることもできない，というテーゼを主張する．これに対し**認知主義**の提唱

者はそのことは可能であると主張する．とはいえ対立するこれらの立場はいずれも，厳密な学問的認識はもっぱら空間的・物理的世界の客体について，経験科学研究のプログラムの助けによって手に入れることができるという共通理解から出発している．科学理論または認識論において根拠付けられるこの経験的仮定から出発しまたこれに基づいて，双方の立場は倫理学的認識の確実性の程度を論議し，その結果，上述のような異なる理解に達するのである．すなわち，認知主義は倫理学的言明が合理的に根拠付け可能であるという前提に立つのに対し，非認知主義はこのことを否定し，倫理学的非合理主義を擁護する．メタ倫理学においてはさらに道徳的**実在論**と**反実在論**とが対立しているが，出発点となる対立状況は〔認知主義と非認知主義の対立の場合と〕同様のものを指摘することができる．すなわちここでは，道徳的対象が——外的実在世界における対象と同様に，またはそれとは若干異なる仕方で——「存在」するのか否かが問われるが，この問いは理論哲学および認識論の諸問題を出発点としており，その洞察が道徳的言明および倫理学的根拠付けの領域へ転用されている．いずれにせよ，メタ倫理学のこれらいずれの議論においても，「道徳的観点」および実践との関連性への問いはせいぜい間接的に存在するにすぎない．

　非認知主義のアプローチを表明するメタ倫理学者のグループには，**アルフレッド・J. エイヤー**（Alfred Jules Ayer, 1910-1989），**チャールズ・L. スティーブンソン**（Charles Leslie Stevenson, 1908-1979）といった20世紀の複数の論者が挙げられる．彼らの論考は**論理実証主義**の諸前提に結び付いており，倫理学の認識要求を非科学的であるとして原理上，意味批判的に却下するという点において共通する．それゆえ彼らは道徳的態度，道徳的言明，道徳的行為規則を，道徳的判断に通常伴い，道徳的行為を事実上動機付けまた引き起こす主観的感情に例外なく還元する．したがって彼らは**情緒主義**の立場（あらゆる道徳の根底には情緒があるとする立場）に立つとも考えられている．

　すでに18世紀において**デイヴィッド・ヒューム**（David Hume, 1711-1776）は，道徳感情（moral sentiments）の一般理論によって独自の仕方でこのような立場に寄与している．**ショーペンハウアー**（Arthur Schopenhauer, 1788-1860）の主著『意志と表象としての世界』において形而上学に関連付けて主張されている**同情倫理**もまた，ただ振る舞いを動機付ける情緒だけではなく，道徳的振る舞いの正

当性を想定する際のあらゆる可能な根拠すなわち道徳性をもまた，厳密に人間の感情に還元する．

　このことによって同時に，道徳的なものの妥当要求全体が，唯一の源泉に，すなわちもっぱら感情の力に還元される．感情に関わる根拠付け以外の根拠付けは，倫理的・実践的根拠からでなく，まずは理論的根拠から，人間学的想定としてであれ形而上学的・存在論的想定としてであれ，不可能であるとされる．このメタ倫理学的立場においては，人びとはこの感情を事実上持ってさえいれば，道徳的に正当性を持ち，正統的でありまた倫理的に善いと見なされるのである．この事例によって分かることは，メタ倫理学的理論がいかに哲学的倫理学に取って代わり，メタ倫理学が実践的反省の理論形式をいかに締め出しているか，ということである．

　生じてくる感情，既存の態度，および事実上遂行される行為の倫理的・実践的正当性を証明することによる，さらに深い根拠付けまたは正当化はなされていない．すでに方法的根拠から，この還元主義は信頼に値するものだとは思われない．メタ倫理学的情緒主義は，道徳的言明の妥当性を論理的に疑わしい仕方で，この言明の根底にある態度の発生（または生成 Genesis）に還元しつくしているのではないかという疑念に直面している．

　他の問題は次のような事情に関するものである．すなわち，人びとは振る舞いにおいて同様の道徳的挑戦に直面した場合，まったく異なるさまざまな情緒を表出する．仮にアウシュヴィッツやポル・ポト政権の犯罪者たちが——メタ倫理学的情緒主義という方法的意味において——彼らの振る舞いを彼らの犠牲者とは異なる感受性を振る舞いにおいて持っているという理由から正当化しようとしているとすれば，われわれは彼らに対して倫理学的に根拠付けられた仕方で何を語ることができるであろうか．こうしたことから，人びとが道徳的に重要な挑戦に直面すれば何らかの感情は生じるが，この事実に依拠することは倫理学的理論の提案としては説得力を持たないように思われる．つまり道徳感情の理論の道を経たならば，いかなる哲学的倫理学を展開することもできない．人間の振る舞いにおけるさまざまな挑戦を経験的に観察することからは，普遍的に納得のいく，実践的に根拠付けられた，そうして主体間で拘束力を持つ言明を獲得することはできないからである．

その他に非認知主義的立場を提唱するのは，**指令主義**というメタ倫理学理論を持つ**リチャード・M. ヘア**（Richard Mervyn Hare, 1919-2002）である．ヘアは，あらゆる道徳的発話，命題，評価を例外なく推奨，命令，禁止といった指令の意味論に還元することを提案する．指令の目指すところは道徳的振る舞いの根拠を合理的に納得させることではなく，人間の振る舞いを意のままとしこれを教示することである．ヘアのテーゼを詳細に検討すると，「道徳的に正当」とか「道徳的に善い」という属性には固有の性格を持つ要求が含意されているという彼の想定は，まったく正当なものだということが明らかとなる．ここでは倫理的なものの規範的次元について語られていると考えることも可能である．けれどもヘアは，行為，行為規則または行為原理の適切な根拠を合理的に論究し，それに認知的アプローチを行い，かつそれを論証的に吟味する可能性には，論理学的意味論にそなわるメタ倫理学的根拠から，適切な余地を与えていない．くわえて，ある道徳的洞察の要求に賛成または反対を表明する，哲学的倫理学にとって決定的意味を持つあらゆる根拠において，振る舞いに対する指令および直接的要求の意味論というものを明確化することができるのかどうかは，まったくもって疑わしい．大方の道徳的判断とは異なり，行為の道徳性への要求に賛成または反対する論証を妥当なものとすることのできる倫理学的根拠は，それ自身命令または禁止する言語に存するわけではなく，直接に行為の指示を帰結させるわけではない論証的言語に存するからである．

デイヴィド・K. ルイス（David Kellogg Lewis, 1941-2001）および**ラルフ・B. ペリー**（Ralph Barton Perry, 1876-1957）が提唱する**自然主義**は，メタ倫理学における非認知主義に対立するメタ倫理学的**認知主義**の立場を表明している．非認知主義の提唱者とは異なり，彼らは道徳的言明を学問的・合理的に根拠付けることは可能であるというテーゼを主張する．だがこのことは，道徳的述語（「正当である」「善い」「正義に適う」等）の意味を例外なく，自然的対象世界を経験的に記述する述語から導き出すことを代償としている．このことによって彼らは，経験的に妥当することすなわち「真」と，道徳的に正当であることすなわち「善」との間の相違を消去することになる．彼らの形而上学的立場が「自然主義的」であるとも特徴付けられるのはこの意味においてである．自然主義の想定に対する反論としては，ここでは**ジョージ・E. ムーア**（George Edward Moore, 1873-

1958) に若干言及しておけば十分であろう．彼は諸著作において倫理学における「自然主義的誤謬 (naturalistic fallacy)」の問題を扱っており，そこで彼は，経験的・記述的概念を用いた事態の描出からは，行為の道徳的正当性に関する言明も，倫理学的正当化をも導き出すことはできないということを証明している．分析哲学者**ウィリアム・K. フランケナ** (William Klaas Frankena, 1908-1994) を初めとする哲学者たちは，ムーアによる「自然主義的誤謬」の特徴付けがそもそも適切なものであるのか否かについて，疑問を提起している．ここではより広い文脈から，振る舞いを適切に記述することからすでにその振る舞いの道徳的正当性を導き出すことができると信じている人が陥っている「記述主義的誤謬 (descriptive fallacy)」というものについて，問題にすることもできるかもしれない．

現代のメタ倫理学の議論の内部では，他にも**実在論**と**反実在論**の論争が展開されている．認知主義と非認知主義の議論は認識論的，科学理論〔科学哲学〕的，論理学的・意味論的内容を有していたが，この議論とは異なり，ここで問われているのは道徳的言明にいかなる存在論的地位が帰属するか，ということである．すなわち，道徳的言明およびこれに対応する倫理学理論は，われわれの振る舞いおよび判断とは独立に成り立つ客体または事実に関与するのか否か，という問いである．道徳的実在論の立場はさまざまな仕方および根拠によってこの問いに然りと答え，反実在論の提唱者は否と答える．この議論にとってもやはり特徴的であるのは，振る舞いの道徳性およびその倫理学的根拠付けへの問いが，われわれの道徳的言語使用の分析を通じてであれ，心的作用または形而上学的事態の分析を通じてであれ，ともかく倫理の外部の，倫理とは異なる問題状況と関連付けて解明されると考えられていることである．

哲学的倫理学にとってこのメタ倫理学の議論はきわめて重要であるが，その帰結は倫理学理論がそもそも首尾一貫し，哲学的に根拠付けることができるか否か，またそうだとすればどの程度であるか，ということにかかっている．だがすでに述べたように，メタ倫理学のこの議論においてはそもそも，「道徳的観点 (moral point of view)」のもとでの，すなわち参加者にとっても観察者にとっても同様に重要性を持つ，倫理学者自身も属する行為世界における道徳性の観点のもとでの行為の分析が，取り上げられることがあるにしても，第一義的に

問われているわけではない．

　だがこれまで見てきたように，まさにこのこと〔倫理学者自身も属する行為世界における道徳性の観点のもとでの行為の分析〕が，実践理論としての哲学的倫理学の課題なのである（1.1参照）．哲学的倫理学は自身のプログラムを実施するにあたって，道徳的言明の分析から出発して道徳的振る舞い固有の意味を問う．このようにして哲学的倫理学は，道徳的に見て「正当な」行為を，非道徳的振る舞いおよび道徳とは無関係の振る舞いから区別するための，普遍的に根拠付けられ納得のいく基準を探求するのである．この認識を追求することによって，倫理学はそれ自身「道徳的観点（moral point of view）」すなわちすでに道徳的振る舞いに（少なくとも参加者の主観的要求に即して）含まれている視点を，反省的かつ批判的に自身の任務として引き受ける．道徳的に振る舞っているとの自己理解を持つ者の，道徳性への要求が正当なものであるか否かを決定するということが，哲学的倫理学の**批判的**任務である．したがって哲学的倫理学がカントによって，「実践理性の批判」を経て根拠付けられているのは正当なことである．

練習問題

1. 倫理学およびメタ倫理学に要求される認識内容はそれぞれどのようにして区別され，また同時に相互に関連付けられるだろうか．
2. メタ倫理学的非認知主義または認知主義はどのような立場を表明しているだろうか．とくにメタ倫理学的情緒主義の問題設定について議論してみよう．
3. メタ倫理学は倫理学に取って代わり，倫理学の立てる課題をある程度倫理学に代わって引き受けることができるであろうか．
4. いわゆる自然主義的誤謬または記述主義的誤謬への批判は説得力があるだろうか．この批判の帰結として，実践的学問としての倫理学はどのように理解されることになるだろうか．

❷ メタ倫理学

　メタ倫理学は倫理学から区別されるべきである．メタ倫理学はそれ自身直接，人間の行為にその道徳性（または道徳的正当性）という観点から取り組むわけではない．メタ倫理学は倫理学および道徳において用いられる用語を検討し，明確化し，反省し，かつ「善い」「誤っている」「悪い」「正義に適っている」「正統である」等の述語の論理的意味および意義を規定しようと試みる．メタ倫理学は倫理学および道徳における述語と言明の意味および意義に関する反省として，理論的論証を行う哲学分野であり，それは自身の洞察を超えて同時にふたたび倫理学に作用を及ぼすという仕方で，倫理学との結び付きを保っている．

　倫理学とメタ倫理学がこのように結び付いていることから，一連の方法的問いが生じる．すなわちメタ倫理学は，その成果がたしかに倫理学の理論構築に影響を与えるものの，それ自身は方法的根拠により「道徳的観点」をとることができないという問題に直面する．ところが行為者の見地からはこの「道徳的観点」こそが決定的意味を持つのである．メタ倫理学のこの難点に対応して，倫理学の側では，概念がその対象に由来して正確性を欠き無規定なままなであること，および倫理学の根拠付けが循環し完結しないという方法的問題がある．

　メタ倫理学のさまざまな立場は，理論哲学の問い——科学理論〔科学哲学〕，認識論，存在論，心の哲学等の問い——を出発点とし，この出発点をメタ倫理学的非認知主義と認知主義との論争，あるいはメタ倫理学的に根拠付けられた道徳哲学的実在論と反実在論との議論において反省する．

　非認知主義に含まれると考えられる情緒主義および指令主義の立場はそれぞれ，道徳的言明には合理的根拠付けへの要求を認めることはできないとする，科学哲学的基礎を持つテーゼを主張する点において一致する．これらの立場は，道徳的振る舞いの特質を評価するには適しているが，道徳的なものの還元主義的解釈という理論的問題を克服することはできないように思われる．これらの立場は，道徳的なものの実践理論の見地からはまったく受け入れがたい帰結をもたらす．

　同様のことはメタ倫理学的自然主義の立場にも当てはまる．この立場はたしかに一方では，道徳的言明の内容を合理的に認識し得るということを認めてはいるものの，そのために他方では道徳の諸概念を自然主義的に導出するという認識論的に受け入れがたい代償を払い，自然主義的誤謬（または記述主義的誤謬）

という論理的難点を抱えており，この点が非難されることになる．

道徳的言明の実在内容に関する，実在論と反実在論との間の論争においても，議論の中心にあるのは理論哲学の諸問題であり，倫理学におけるように実践理論に関する問いではないということが示されている．そもそも倫理学は道徳的言明の分析から始められたとしても，道徳的行為に固有の意味を探求し，道徳的に正当であると解釈される行為を道徳的に誤った行為から区別するための基準を根拠付けようとする．倫理学はまさにこの洞察を探求することにより，すでに道徳的行為に含まれている「道徳的観点（moral point of view）」を反省的かつ批判的に考察の中へ取り入れるのである．

1.3 倫理学のさまざまな方法

哲学的倫理学は人間の振る舞いを，「道徳性」の観点，すなわち行為の道徳的正当性の根拠を探求しまた批判するという論点のもとで，道徳の内部ですでに与えられている根拠を吟味することによって考察するという課題を引き受ける．その際，倫理学は実践理論として，道徳的根拠付けの試みに方法的・批判的観点から取り組む．

振る舞いが道徳的に正当であると見なすための重要な根拠は4つのタイプに分けることができる．すなわち個々の行為を道徳的に正当化し得るのは，(1)すでに実践上確立されたまたは承認された道徳に訴えることによるか，(2)道徳的に重要であると見なされる一定の社会的事実または出来事を参照することによるか，(3)行為に伴うかまたは行為を喚起する道徳的感情と関連付けることによるか，または(4)良心に関する事柄を引き合いに出すことによるかのいずれかである．

哲学的倫理学はこれら特定の道徳的根拠付けを適切に受け入れ，批判的に吟味することが方法として可能でなければならない．問題を議論し，道徳的根拠付けを個別ケースにおいても倫理学的に正当化することができ，普遍的に根拠付けることができるかどうか，もしできるとすればどの程度においてであるかを，十分な根拠をもって決定しなければならない．この課題提起と関連して，哲学的倫理学の方法を分析的方法，解釈学的方法，超越論的方法，討議的方法

に分類することができる．

(1) 行為または行為規則の道徳的根拠付けのうち最も頻繁に用いられるタイプは，これらを普遍的に承認された道徳的秩序に還元することである．この場合，行為または行為規則が道徳的に正当化されるのは，これらが伝統的道徳の枠内ですでに明白に善いと評価されているか，または普遍的に重要視されている価値表象の地平に問題なく統合し得るためである．このことに関連して，行為の具体的ケースにおいて方向性を与える道徳的模範，権威および伝統もまた重要な機能をはたす．この種の道徳的根拠付けは一方では，人間の行為に対してきわめて重要な意義を持ち，多くの場合において生活実践上なくてはならないものである．しかしながら他方，このようにすでに定着した道徳秩序に立ち戻ることだけでは，倫理学的根拠付けにとって十分ではないということは容易に明らかとなる．というのは，そうすることによってわれわれは，根拠付けの循環というアポリアに陥るか，または根拠付けそのものを先送りしていることになるからだ．このタイプの道徳的根拠付けは十分なものではないこと，そして生活に根ざした道徳の内部の視点を超えたより広範かつ包括的な倫理学的正当化が必要となるということは，道徳秩序の体系において生じ得る変更および矛盾においても明白となる．この変更および矛盾に伴って生じる道徳的価値評価間の抗争は，一定の道徳のその都度の要求事項に対して批判的な距離をとり，かつここで行為，行為格率，行為規則および行為態度の正当性を示すために提出されるさまざまな根拠を吟味することによってのみ，解決することが可能となる．普遍的原理および実践的洞察に照らして方法的手続きによって批判的に吟味するという課題こそが，哲学的倫理学のプログラムなのである．とはいえ，道徳的に振る舞う者は，倫理学的認識の目標となるこの普遍的な実践原理をつねに彼の振る舞いの特殊な状況に関連付けなければならない．そのために必要となるのは実践理性だけではなく，経験，思慮，行為のための一定の気質といった，倫理的徳として提起されるものである（この点に関しては3.2を参照のこと）．

(2) 行為の道徳的根拠付けの別のタイプは，一定の事実または出来事に依拠す

ることである．行為者は自身の行うことを道徳的に正当化する際の明証性をこれらの事実または出来事と結び付ける．たとえば，ある人が援助を必要としているという事実，地震の被災者の具体的欠乏，またはただ単に友人が一定の状況のもとで支援を求めているということが，それだけで援助を自発的に行う根拠となるとすれば，それらは，生じている出来事または一定の事実をもって，一定の行為を道徳的に正当であると証明する事例となっている．

　一定の事実に依拠するという，行為の道徳的根拠付けのこのタイプには，ある行為が道徳的に正当であること，または誤っていることを証明するとされる，行為の可能な帰結に依拠することも含まれる．これには**功利主義**の立場として固有の倫理学的解釈を表明している効用原理も属している（2.2参照）．ある行為が道徳的に正当であることを根拠付ける〔論理〕構造において，ある状態に依拠すること，またはある事実に関連付けることが，功利主義の立場においても決定的に重要だからである．

　既存のまたは行為によって初めて生じる社会的事実または出来事に依拠するという，行為の道徳的正当化のこのタイプにおいても，明示されないが十分な根拠がこのような道徳的論証に先行するということは明白である．そこでたとえば，自発的に援助を行うことを道徳的に正当な行為であると評価することの根底には，ある種の道徳原理が「十分な根拠」として存在する．この原理によれば，自分の罪なくして重大な欠乏状態に陥り，そこから自力では逃れることができないすべての人びとには，無条件に（または一定の条件下で）援助が為されるべきであるということになる．ところがこの原理そのものが正当であるか否か，無条件に妥当するのかそれとも条件付でなのか，さらにもしこの原理が妥当するならば，誰がどのような行為に対して義務を負うのか，こうしたことを吟味する必要がある場合には，誰かが他の人の助けを頼りにしているという単なる事実を参照するだけでは不十分である．また目指された行為は損害を最小化し，欠点を取り除き，利得を生み出しさえするということを示唆するのも十分ではない．というのは，まったく特別なケースにおいて一定の損害を抑制し，利得を（それは誰のためであろうか？）増やすことが，道徳的に納得のいく根拠に基づいて是

認されるということを示して初めて，倫理学的に説得力のある論証について語ることができるからである．したがって社会的事実，出来事，あるいは目指された行為の達成し得る成果を参照することは，それ自身としてはいまだ道徳的正当性の証拠とはならない．その代わりにこの場合においても，さらなる倫理学的反省を進めていき，その都度の行為の文脈において与えられた道徳的根拠付けを批判的に吟味し，場合によってはこれを変更し，普遍的原理および実践的洞察に照らして行為者の観点から根拠付け，かつさまざまな行為の文脈および状況に応じて具体化するよう試みることが必要である．これに加えて，哲学的倫理学の提起された根拠付けおよび状況に即した具体化を，倫理学的討議において批判的に吟味することもまた，倫理学的反省にとっての課題となる（この点に関しては2.4および3.5を参照）．

(3) 道徳的根拠付けのさらなるタイプは，感情または気分の次元に依拠することである．このことに関連してとりわけ重要であるのは同情または共感であり，哲学説の中には倫理学全体をこれらに還元するものもあるほどである．われわれはたしかに通常，道徳的に重要な行為の文脈においてはなおのこと，道徳的に正当に，あるいは少なくとも道徳的に十分適切に行為する際には十分な動機付けが不可欠である．だがいかに強い感情，いかに強力な動機であっても，それだけで行為または行為規則一般の道徳的正当性（道徳性）を根拠付けるという要求を満たすことはできない．というのは，われわれ人間は現実には実に異なるさまざまな感情を表すからだ．（いかに強いものであっても）感情という単なる事実状態からは，道徳的正当性の要求に対していかなる論証力も導き出すことはできない．そればかりか，道徳的に正当であるという主観的感情は，主体間の不偏不党の吟味には耐えられないことがしばしばあるということを，われわれは経験から知っている．ある人が自分の行為に際して有している道徳的に善良な感情，あるいはある人が追求する主観的には最善の意図でさえも，それだけではいまだ，ここには同時に十分根拠によって正当化され，普遍的な洞察に即して根拠付けられた振る舞いがあるということの論拠とはならない．それゆえこうした感情はたしかに道徳的に重要ではあるとは考えられるけれども，倫理学的に十分であるわけではない．

(4) このことと事柄の性質上類似したケースは，ある行為の，そしてより頻繁にはある行為を行なわないことを行為者自身の道徳的良心に関連付けることによって道徳的に根拠付けることに見られる．ここでわれわれが目にするタイプの道徳的正当化は，もっぱら1人称単数の視点から行なわれ，そうすることでこの正当化の道徳的権威ならびに同一性を詳述する．われわれは正当にも，行為者として，しばしば生死までもが問題となる限界状況または危機状況において，何ごとかを為すことまたは為さないことを無条件に命じる自身の良心の洞察を拠り所とする．

　倫理学においては，そして神学および法学においても，道徳的例外ケースの意義が評価されることには十分な根拠がある．現代の法治国家を際立たせているのは，それが特殊な行為連関において良心に関する事柄を承認しているという点にもある（それにはドイツ連邦共和国において良心的兵役拒否が認められていたことも含まれる）[1]．だがこの良心に関する事柄について見ても，この第4のタイプの道徳的根拠付けは普遍的な倫理的正当化または批判の代替とはならないということを確認しておく必要がある．というのは，われわれは個人的良心に基づく決定においても誤ること，すなわち特定の作為不作為に賛成または反対する決定を誤った前提に基づいて下すことがあり得るからである．

　したがって個人的良心に訴えることもまた，根拠付けとしては倫理学的に見て十分ではない．むしろ逆に，まさにここで示されることは，われわれは良心に関する事柄において作為不作為の道徳的要求に対する倫理的根拠をさらに詳述することを断念する，ということである．しかもその理由はこのことが原理的に不可能であるからではなく，われわれは良心に関する事柄の状況および意義を，行為する特定の個人およびその生涯の道徳的アイデンティティに照らして評価するからである．つまりわれわれは，道徳的限界状況に関わる問題および係争中の道徳問題における厳密に定義された特定のケースにおいて，自己の良心に反して行為するということを誰に対しても強制してはならないということを承認している．このことはそれ以上の討議による根拠付けを断念するということに等しく，倫理学的に見てその根拠付けは十分可能ではあるが，所与の特別な状況においてこれ

を行為者に要求することはできないのである．そこで道徳哲学の伝統においては，誰かにその良心が判断を下した命令に反してある行為を行うよう強制することは許されず，逆に良心の判断が誤っている場合においても各人は自己の良心に従うべきであるとさえ主張されてきたのである．とはいえ，人権に基づく法秩序が承認するこの特殊ケースにおいては，行為する個人の側から，その人に実際に良心に関わる窮迫した事情が存在し，それが例外ケースを正当化するものであることを証明する必要がある．そしてこのように良心の例外ケースを認めることは，良心の判断という様相において下された道徳的決断を倫理学的に反省し，吟味し，評価することはまったく不可能である，ということと同義であるわけではない．まさにこれを行うことこそが哲学的倫理学の課題に属しているのである．

　このように道徳的根拠付けは行為にとって欠かすことのできない重要な基盤を成し，その基盤は行為者の道徳的アイデンティティの活性化および道徳的生活世界の繁栄に対して他に類を見ない貢献を為す．**チャールズ・テイラー**(Charles Margrave Taylor, 1931-) によればまさにここにおいてこそわれわれは道徳的自我の起源を見出すのである[2]．それにもかかわらず，上述の4つのタイプの道徳的根拠付けは（それぞれ独立して登場することはまれでありしばしば互いに結び付いているが）それ自身としては特定の行為，行為の意図，価値，選好および普遍的行為規則が道徳的に正当であるかという問いに対して最終的な回答を与えるものではない．哲学的倫理学の視角からは，これら四種類の道徳的根拠付けはいずれも不十分であって，さらなる倫理学的反省が必要とされる．

　これら4つのタイプの道徳的根拠付けはさまざまな仕方で価値評価され承認されるが，いずれに対してもそれぞれ固有の制約が課せられる．この制約を前にした場合，哲学的倫理学の課題は，道徳の道徳性（または道徳的正当性）に対する要求に賛成または反対する論証を展開することである．この論証は上述のような制約を超えることになる．この場合の制約とは，〔第1の根拠付けタイプに関しては〕生活に根ざし場合によっては多くの人びとによって受け入れられている道徳，または道徳的であると認められた伝統という内部空間であり，〔第2の根拠付けタイプに関しては〕道徳的に重要であると見なされた特定の

事実，または行為の目指す帰結であり，〔第3の根拠付けタイプに関しては〕同情などの感情が存在することまたは欠けていることであり，そしてまた〔第4の根拠付けタイプに関しては〕行為者の1人称の権威のもとでの道徳的アイデンティティの視点に基づく良心の判断の，内的明証性である．

　行為者（すなわちわれわれ自身）の道徳的意識という内的見地に囚われないということこそが哲学的倫理学の課題なのであるが，そうはいっても倫理学は，4つのタイプの道徳的根拠付けにおいて現れる現実性，それどころか振る舞いにおける道徳的なものの具体性を自身の反省の中に取り入れなければならず，これを度外視してはならない．そこでさまざまな哲学的倫理学の試みの側では必然的に，道徳の実践的視点，すなわち特殊な状況下で為されつねに具体的である振る舞いにおいて道徳的正当性を求めて努力する人びとの視点を取り入れることができるかどうか，またどの程度取り入れることができるかが，批判的に吟味されることになる．ある仕方で行為しようと望み，他の仕方ではないことの根拠を，倫理学は普遍的反省に照らして吟味する．すなわち，道徳的に正当である（正当化されている）と見なされ，それゆえ善い，命じられている，あるいは少なくとも認められ容認されていると見なされていることは，倫理学的考察においても十分な根拠をもって善い，命じられている，あるいは容認されていると特徴付けることができるのかどうかが吟味されるのである．そのために哲学的倫理学はさまざまな方法を用いるが，ここでは哲学的倫理学の基礎付けにおいてそれぞれの仕方で重要な役割を果たしている4つの方法を簡潔に指摘しておきたい．それは分析的方法，解釈学的方法，超越論的方法，および討議的方法である．これらは哲学的倫理学の伝統の中のさまざまのモデルにおいて重点を変えながら用いられてきた（第2章参照）．

(1) 倫理学において分析的方法が導入されるのは，道徳に関する言明，とりわけその根拠付けに関する言明が，その論理的首尾一貫性，言語の統一性，および普遍的理解可能性に関して探求される場合においてである．その際，言語分析的倫理学は**ジョージ・E. ムーア**および**ルートヴィヒ・ヴィトゲンシュタイン**（Ludwig Josef Johann Wittgenstein, 1889-1951）に依拠しつつ「日常言語」から出発する．だが分析的倫理学が道徳的言語使用の単なる叙述だ

けを研究課題とするかぎり，それはメタ倫理学の限界内にとどまっていることになり，私が規定した意味での倫理学の課題〔道徳性（道徳的正当性）の観点のもとでの人間の振る舞いおよびその規則・原理の吟味・正当化〕を引き受けていないことになる．一方，同じ分析的アプローチによる倫理学であっても，道徳的判断を言明および規則の矛盾のない体系とし，そうすることによって道徳的言明の道徳性または道徳的正当性への要求を吟味しようとする場合には事情は異なる．分析的方法をこの意味において用いる倫理学は，道徳的言明の無矛盾性および首尾一貫性という論理原則を道徳的言明の（可能な）理性的正当化の中心基準と見なしてこれに従っているのである．

(2) 解釈学的方法は，道徳的言明および行為の正当性を得ることを目指して適切に理解するための原理を人倫的生活世界の一部と見なしてこれを追求する．この方法は，各々の行為世界に行為者の道徳意識が直面する際の，歴史的・社会的・文化的現実の要素としての個別性，一回性または具体性を強調する．倫理学が道徳をよりよく理解するために解釈学的方法を用いる限り，実践的個別性および道徳的なものの多面性を考察の中に組み入れることが可能である．だがまさにその道徳的なものの多様性および差異性を詳述することに没頭して，道徳の内的視点を超えて道徳的なものを根拠付けるという課題を断念するならば，倫理学は道徳の要求に対する倫理学的反省および批判という固有の課題を前にして降参してしまったことになる．このことはしばしば，道徳的生活を根拠付けるという義務を拒否するラディカルな道徳多元主義という徴候のもとで生じる．そこで，解釈学的に評価された道徳的なものの多面性は，倫理学の普遍性および，行為の道徳性を判断するための基準の普遍的根拠付けを倫理学が要求することに対して緊張関係に置かれるが，それは方法的に十分に意味のあることである．

(3) この緊張関係は倫理学において超越論的方法を用いる場合にいっそう明白となる．この方法においては（カントに依拠しつつ）道徳的経験または道徳的振る舞いの可能性の条件を，あらゆる道徳的な意欲，判断，行為の根拠付けの論理となる実践原理に照らし合わせて解明することが課題となる．超越論的方法が選ぶ手続きは，道徳的経験を，当該経験がすでに前提として

いる最上の道徳原理へ還元することである．たとえばカントは彼の倫理学（2.3を参照）においてこの原理を，実践理性の自律として，すなわち人間の道徳的自己立法への自由として特徴付けた．道徳的に正当であるという資格を付与された具体的なさまざまな行為を，それらの根底にあるただ1つの原理へ還元するというこの手続きを，カントは意志のあらゆる他律からの自立，すなわち意志の自律または自己立法において見出したが，この手続きは哲学的倫理学が探求する，あらゆる道徳の最上の実践的妥当根拠への洞察と結び付く．

とはいえ，哲学的倫理学を超越論的方法に限定することは危険である．多様な道徳的要求および複合的な振る舞いの現実をその全範囲にわたり多元性および偶然性において捉えることができず，問いの複合性を単純化して消し去ってしまうことになるからである．だがまさにこの複合性に直面してこそ，倫理学はその批判的プログラムにおいて，特殊な行為，普遍的行為規則および社会的行為状況が道徳的に正当であるという想定に賛成または反対することの根拠を吟味するよう要求されているのである．倫理学がもっぱら超越論的論理による手順にのみ従うならば，倫理学はその課題を部分的にしか果たし得ないであろうし，また現実の道徳的挑戦に直面した際に不適切な仕方で抽象的なものとなるであろう．それゆえ倫理学における超越論的方法には別の手順が必要となる．とはいえ，正当性への道徳的要求を批判的に吟味するというプログラムを断念すべきでないとするならば，超越論的方法そのものは不可欠である．そこで両方の視点〔超越論的論理と具体論理〕を結び付けるのが倫理学の討議的方法である．

⑷ 討議的方法は哲学的倫理学がもっぱら分析的手順，解釈学的手順，または超越論的手順をとろうとする際に生じるさまざまな弱点を補うことが可能である．倫理学を「討議的」であると特徴付けることができるのは，それが道徳的言明を言語論理的観点から考察し分析的に扱うこと，道徳的振る舞いの諸原理を解釈学的観点から理解する試み，およびその原理を超越論的観点から再構成することの水準を超えて，道徳の倫理学的正当化という課題を間主観的討議において論証的に扱うことを目指す場合においてである．

討議的・論証的手順にはさまざまな倫理学的アプローチがある．その中には**ユルゲン・ハーバーマス**（Jürgen Habermas, 1929-）および**カール＝オットー・アーペル**（Karl-Otto Apel, 1922-2017）によって明確化された**討議倫理学**が含まれる．これはカントが倫理学の第一原理を超越論的論理の観点から探求した試みを，コミュニケーション理論・行為理論の観点から明確にし，拡張したものである（2.4参照）．だが討議原理に依拠する哲学的倫理学の構想に対しても次のことが問われなければならない．すなわち，この構想においても倫理学的討議のために形式原理が明確化されるが，その原理自身，哲学的倫理学のプログラムを転換するうえで十分であるのかどうか，ということである．この転換にあたっては，振る舞いの道徳的諸問題が実践的多様性を持つことを受け入れ，かつ行為者自身の見地に立って，特定の作為または不作為に道徳的資格付けを行うために，すなわち作為不作為を「善い」，「容認されている」，倫理学的に「正当化されている」，または「規範的に義務付けられている」（またはそれぞれの反対の状態にある）と，少なくとも可能性の上で規定するために賢明な根拠を提示することが求められるのである（2.4, 3.3, 3.5参照）．

【練習問題】
1．人間の振る舞いの道徳性を正当化するためにはいかなる根拠を引き合いに出すことができるだろうか．その道徳的根拠を正当化できるかどうか，またどの程度正当化できるかを議論してみよう．
2．倫理学のさまざまな方法は，哲学的倫理学の基礎付けにあたってどのような役割を果たし得るだろうか．

❸ 倫理学のさまざまな方法

哲学的倫理学は実践理論として，道徳をその道徳性（または道徳的正当性）に関して吟味するための根拠および基準を探求する際に，すでに道徳内部に見出される根拠付けの試みに方法的・批判的に取り組む．道徳的正当化を4つのタ

イプに区別することができるが，いずれも単独では倫理学的正当化とはならない．その4つのタイプとは，(1)実践において確証されている道徳の秩序に依拠すること，(2)道徳的に重要な諸事実を参照すること，(3)特定の道徳的感情と関連付けること，および，(4)良心に関する事柄を引き合いに出すこと，である．

実践において確証されている道徳の秩序に行為を還元することによる行為の道徳的正当化(1)は，論争となるケースにおいては十分ではない．それに加え，基礎を成す論証は大抵の場合循環している．それゆえに倫理学的な吟味および正当化が必要となる．

道徳的に重要な諸事実を参照することによる行為の道徳的正当化(2)は，特定の道徳的根拠または規則が前提とされている場合においてのみ説得力を持つ．だが，その根拠や規則はそれ自身倫理学的吟味および正当化を必要とする．

行為を特定の道徳的感情（同情，共感など）と関連付けることによる行為の道徳的正当化(3)は，行為および行為の規則を十分に根拠付けるにはふさわしくない．というのは，ある種の感情が存在するということだけから，個々の行為または行為規則を正当化する要求を導き出すことはできないからである．このことはいわゆる道徳的感情にも当てはまる．人は自身の振る舞いに際し実に多様な感情を示すのであるから，なおのことそうである．それゆえ，道徳的と称される感情に関連付けることを通じて行為を道徳的に正当化することもまた，倫理学的正当化を必要とする．

良心に関する事柄を引き合いに出すこと(4)は，振る舞いの正しさを道徳的に正当化するために，ただし大抵の場合，一定の例外ケースにおいてある行為を行なわないこととの関連において，道徳的かつ倫理学的にも容認される．とはいえわれわれは，良心に関する事柄の道徳的拘束力および正統性を失うことなくして，なおかつ道徳的良心に基づく判断において誤る場合がある．それゆえ，道徳的良心に基づく判断を倫理学的に吟味することもまた根本的に可能でありかつ適当である．

倫理学の分析的方法は，道徳的判断を論理的・意味論的に矛盾のない言明および規則の体系へと翻訳することを意図しており，そうすることで道徳的言明の要求をその道徳性（または道徳的正当性）に関して吟味することを目標としている．

倫理学の解釈学的方法は，その都度の道徳的振る舞いの（特殊な行為状況に固有の文脈における）個別性，一回性，多数性，または具体性を適切に理解することを意図しており，そうすることでその都度の行為の道徳性（または道徳的正当性）への要求を吟味することを目標としている．

倫理学の超越論的方法は，道徳的行為においてその都度基礎を成している道徳原理を，妥当性を批判的に検討する手順によって，その原理の道徳性（または道徳的正当性）に関して合理的・理性的に吟味することを意図している．

　最後に倫理学の討議的方法は，分析的方法，解釈学的方法および超越論的方法を倫理学的討議の形式において統合することを意図している．この討議は，道徳的振る舞い，道徳的行為格率および道徳的行為規則を倫理学的に正当化するという道徳的行為主体の要求を，間主観的論証の形式において，普遍的洞察を得ることを目標として，引き受けることを課題とする．

訳注
1)　ドイツ連邦共和国は基本法第12a条で，満18歳以上の男子に兵役制度（「軍隊，連邦国境警備隊又は民間防衛団体における役務に従事する義務」）を課している．良心的兵役拒否者は福祉などの代替役務が課される．2010年のギリシア債務危機およびそれに続く欧州経済危機により，大幅な財政赤字削減を余儀なくされたこと，および大規模な海外派遣・展開能力を備えるための軍の構造改革の必要性から，同年，徴兵制が「停止」（事実上廃止）された．木戸衛一，「徴兵制「停止」に向かうドイツの政治社会──軍事化の中の民主主義と人権──」，『立命館法学』2010年5・6号（333・334号）参照．
2)　テイラーは著書『自我の源泉』（Souces of the Self. The Making of the Modern Identity, 1989〔邦訳:『自我の源泉─近代的アイデンティティの形成』，名古屋大学出版会，2010年〕）第2章において，宗教，国籍，政治信条等アイデンティティを形成する諸要因を，善きもの，賞賛に値するもの，価値あるものをめぐる各人の立場表明のための準拠枠（frame）として理解している．

第2章 倫理学のモデル

本章においては哲学的倫理学の4つのモデルが提示される．これらは単に，道徳的行為の正当性への要求を吟味するための説得力のある基準は何かという問いに対する4つの異なる体系的回答を代表しているだけではなく，これまで叙述してきた意味での哲学的倫理学における最も重要な学派を形成している諸立場をも代表する．これらは一定の限界内において，道徳の正当性への要求は普遍的・理性的に，すなわち認知的に追認可能な仕方で根拠付けることが可能であるという点において互いに合致している．

これらのモデルは，(1) **アリストテレス**を創始者とする**徳倫理学**，(2) とくに**ジェレミ・ベンサム**（Jeremy Bentham, 1748-1832）および**ジョン・スチュアート・ミル**（John Stuart Mill, 1806-1873）によって展開された**功利主義**，(3) **カント**の実践哲学において見出される**義務倫理学**，そして(4) **カール=オットー・アーペル**および**ユルゲン・ハーバーマス**による**討議倫理学**である．これらの倫理学モデルのいずれも，道徳の道徳性を倫理学的に吟味するためにそれぞれ選ばれた提言に対し，説得力のある論証を提示することに成功している．だがこれらの提言はいずれもそれぞれ固有の困難を抱えており，その困難もまたここで提示する（第3章では倫理学のいくつかの基本概念を選んで導入するが，そこではこれら4つの異なる体系的立場それぞれの長所と問題点をあらためて取り上げ，これらの立場を媒介する統一的立場を通じて，現代の哲学的倫理学を前進させるための洞察につながる解決を示唆することを試みる）．

2.1 アリストテレスの徳倫理学

ここまでのところで定義されてきた哲学的倫理学の課題設定と合致するかたちで，**アリストテレス**は彼の著作として現存している倫理学書（『エウデモス倫

理学』,『大倫理学』,『ニコマコス倫理学』；このうち『ニコマコス倫理学』が最も詳細でありまた今なお大きな影響力を有しているため，同書にのみ言及する）は，今日なお重要な倫理学理論を提示している．「徳倫理学」という綱領的な表題にまとめられるように，アリストテレスの倫理学理論は倫理学の議論において中心的意義を持つ体系的洞察を定式化している．

　アリストテレスにとって哲学的倫理学は，語の最も厳密な意味における実践理論である．すなわちそれは人間の振る舞いを反省し，振る舞いそのものにおいて獲得される経験を引き合いに出すのであり，またさらに道徳的振る舞いを構成する諸要素を概念によって洞察し分析することによって，行為者が自身の振る舞いをよりよく形作ることができるように貢献することを意図している．というのも，アリストテレスが主張するように[1]，倫理学の目標は単によりよい洞察（または理論）であるにとどまらず，（単に技術的意味においてだけではなく）道徳的意味においてよりよい実践(プラクシス)(テクネー)だからである．そこで必要とされるのが実践理論としての倫理学であるということになる．哲学的倫理学書の読者は，自身の生活の実際に重要な目標，すなわち人びとが自身の行為において達成しうる真の幸福，およびそのためにふさわしい態度や考え方を哲学的に啓蒙されることになるはずであると考えられる．そうして彼らは，ちょうど射手が実際に的を見ることができて初めてよりよく的を射ることができるのと同様に，〔真の幸福およびそのための態度や考え方を知ることによって初めて〕自身の生活の目標をよりよく達成することができるのだという（『ニコマコス倫理学』第1巻，1094a 22-24）．このようにしてアリストテレスは，倫理学書執筆の際の目標または意図だけではなく，実践理論のプログラムをも描き出している．この理論は具体的かつ一回きりの状況のもとで生じる人間の振る舞いを引き合いに出すことによって，道徳的振る舞いが成功するために必要とされる特定の不変因子および規則性を明らかにしようとする．だがこの実践理論がよりよい道徳的実践に貢献するということは，行為において賢明となった行為者のみが評価し得る経験を欠いては不可能である．

　『ニコマコス倫理学』冒頭部分でアリストテレスはすでにこのように詳述しているのだが，それによって彼は道徳論を，保守的な（新）アリストテレス主義者が近年推奨しているように，慣例的・慣習的なもの，さらには有用なも

ばかりを擁護する振る舞いの解釈学，または道徳的に確証されたものの常識(コモンセンス)理論へと還元しているわけではない．というのは，アリストテレスの倫理学は道徳的に正当なものを根拠付けるための，若干弱くはあるが規範的な原理を提示することにこそ腐心しているからである．すなわち，道徳的実践の正当性は単にそれが成功を収めたか否かによってのみ証明されるものではないため，アリストテレスの倫理学もまたギリシアにおける彼の同時代人の生活実践に対し，抑制された範囲においてではあるが，終始批判的態度をとっていたのである．たとえばアリストテレスは，彼の市民同胞のあいだで流布していた，人生の幸福は快楽の享受，富の取得，権力および社会的名声の獲得によって達成されるとする見解を批判している．そのような振る舞いの背後にある態度は，アリストテレスにとっては倫理学的に正当化しうるものではない．そうした態度は人が実際に幸福な生活を送ることができるようになるためにふさわしいものではないということが明らかであるため，それらは道徳的に善いとは言えない．この批判は今日なおアクチュアリティを失っていない．

　アリストテレスは彼の師**プラトン**の倫理学，とりわけ彼の善に関する説には明白に批判的な態度をとっている．プラトンにおいて善は理念(イデア)の理論的・思弁的形態において表象されている．そこでアリストテレスは彼の師に対し，理論的手続きを踏む純粋なまたは思弁的な認識から道徳哲学を適切に区別していないと論難する[2]．このことからプラトンは実践に固有の態様のみならず，行為における参加者の視点をも見失っているというのである．

　アリストテレスのプラトン批判には，哲学的倫理学にとって今日なお指標となる2つの洞察が結び付いている．第1に，倫理学を——人間の行為の分析に基づいて——実践的に振る舞う人びとの経験から出発しつつ，世界全体に関する理論的想定からは可能な限り独立させて構想するという提案である．現在では**ギュンター・パツィヒ**（Günther Patzig, 1926-）が「形而上学なき倫理学」の構想を提起しているが，これは方法論的にはアリストテレスを先駆者の1人としている．第2に，アリストテレスは倫理学の帰結に対し，理論的諸学（たとえば数学）の厳密性の理念に比べてより「厳密ではない」認識要求を掲げている．彼は倫理学における認識を「おおよその輪郭」についての知（『ニコマコス倫理学』第1巻，1094a 25; 1094 b 24-26）と称している．このように述べることでアリスト

テレスが意図していることは何も，倫理学はあいまいで結局のところ拘束力を欠いた「確からしさ」の言明に達することができるに過ぎない，ということではない．そうではなく，倫理学は行為者であるわれわれ人間に対し，個々の具体的な振る舞いにおいてその都度求められるものを，考え得るあらゆる詳細な点にわたり，あらゆる見地から述べることはできない，ということなのである．個々の振る舞いにおいてわれわれは，つねに自己を偶然の条件下に置き，最終的な確信なくして決定を下さなければならない．とはいえ倫理学はわれわれに，方向付けのためのいわば羅針盤を与えてくれる．このことによってアリストテレスは，倫理学には方法上の問題から，道徳的正当性の観点のもとで振る舞いに関する真の洞察をわれわれに与える能力が備わっていないと考えるわけではないものの，人間の行為世界の複合性および可変性を視野に収めつつ，倫理学的洞察には普遍性または抽象性が不可避的に伴うということを示唆している．ところでこうした見方は，倫理学的認識に固有の認識対象としての道徳的正当性の観念または基準の探求に十分適合する．またアリストテレスのこうした洞察は，哲学的倫理学の遂行能力を評価するうえで根本的な重要性を持っている．

　アリストテレスの倫理学は人間の振る舞いの構造分析に着手する．この分析は今日に至るまで（たとえば**エリザベス・アンスコム**に依拠する分析哲学の議論において）模範となるものとして哲学的に賛同を得ている．この分析においてアリストテレスが出発点としているのは，人間のあらゆる行いには目標（テロス）へ向かう努力（オレクシス）の構造が固有に備わっている，ということである．したがってアリストテレスは人間の振る舞いに鑑みて倫理学が探求する「善」（アガトン）を形式的に，振る舞いの目標または「……のために」として定義する．彼はあらゆる振る舞いの目標へ向かう構造を，あらゆる生命体はそれぞれの種に固有の目標を目指して努力するというより包括的な自然哲学的想定と結び付ける．そこで彼は，人間の振る舞いにおいて示される人間特有の努力とはどのようなものであるかを探求するのである．ここで検討されている内容は明らかに生物学または人間学のものであるが，アリストテレスはこれを形而上学へ持ち込んでいるのである．

　その際実践上重要であるのは，人間は言語と理性，感覚的知覚，および記憶と反省の能力を備えた生物であり，その行為の目標は人間の自然的素質に対応しているという，アリストテレスが彼の著作の他の箇所（たとえば『政治学』）に

おいても詳述している洞察である．人間の行為の基礎を成すのは，感性的知覚と並んで，経験知を獲得する能力および理性である．これらの能力に基づいて人間は自身の振る舞いにおいて，技術的・道具的意味において，目的を果たすために適切な手段を選ぶことができるにとどまらず，複数の目的の間で選択を行う能力も有する．そこでアリストテレスは人間の振る舞いにおいて典型的な選好(プロアイレシス)にも言及する．もっともこれを意志の自由と混同してはならないのだが，ここでは一定の経験知，とくに典型的なものとして，われわれが日常の行為において見出す種類の知が前提とされている．ここで問われているのは，近代以降における技術的特徴を持つ経験概念における，人工的に生み出された実験知ではない．むしろアリストテレスは，振る舞いそのものにおいてあらかじめ決定の自由および行為の自由を明示することが可能であると主張する立場に立っている．この立場は，正しい振る舞いとは何かという，規範的関心と結び付いた問いを哲学的倫理学が有意味な仕方で立てることができるための基盤となる前提条件を形成する．

　この〔「正しい振る舞いとは何か」という〕問いに対する彼の回答にとって重要であるのは，彼が行為分析の枠組みにおいて取り入れた詳細な区別である．それは振る舞いの帰結のように振る舞いのいわば外部または彼岸に目標(テロス)がある振る舞いと，実際に行う際にすでに目標が達成されている行いとの区別である．アリストテレスによれば前者の場合には，手工業的または技術的(テクネー)意味において何かを作り出す活動が問われている．彼はこれを「制作」(ポイエーシス)と称した．後者の場合には，包括的意味における「実践」(プラクシス)という振る舞いのタイプが問われている．実践において人は特有の素質をもって自己を実現し，この自己実現が成功を収めた際には自己をさらに発展させ，完成させる．したがって，アリストテレスにおいて実践(プラクシス)の観念は広義の行為概念であり，制作(ポイエーシス)の観念を包括している．彼によれば人間の道徳的振る舞いはこの広義の実践観念の表現であり，狭義の制作概念すなわち技術的・道具的振る舞いと混同すべきではない．人間の道徳的実践の目標はそれが目指すさらなる目的にあるのではなく，善き振る舞いそのもの，この自己実現の実践が成功を収めることそのものにある．ここでアリストテレスはこの善き振る舞いを「善き実践」(エウプラクシア)と称し，人間の振る舞いによってのみ実現される善すなわち「善き生」(エウ・ゼーン)または「幸福な生」(エウダイモニア)であるとしている．

アリストテレスはこれらの概念を，振る舞いを道徳的意味において積極的に評価することとしての善の倫理学的規定のために用いている．そこでアリストテレスにおいては，道徳的なものに弱い規範的基本特徴も備わることになる．すでに示したように，善が形式上，実践の意味における振る舞いの目標として規定されるべきであるとするならば，哲学的倫理学が探求する道徳的善は，人の生涯の行為において自己実現および自己目的として，すなわち人生そのものの成功として追求される，あらゆる振る舞いの包括的目標に他ならない．人が実際に，人生全体をこの自己実現の実践に向けて形作ることに成功したならば，その人は自分の人生を「善き実践(エウプラクシア)」として実現したのであり，また「幸福な生(エウダイモニア)」を送ったことになるのである．

これはある振る舞いを道徳的に正当であると評価するための基準という意味における，善の倫理学的規定である．アリストテレスが主張するように，善は形式上振る舞いの目標として規定されなければならないということが正しいとすれば，そこからの帰結として，倫理学の探求する道徳的善はあらゆる振る舞いの目的を包括する目的としてのみ定義され得るということになる．人はこの目標を，その人が道徳的実践を行い得る状態を最終的に獲得するという仕方で達成するのではない．その目標はむしろ活動的生活（ハンナ・アーレントの言うvita activa）の安定性を要求し，持続的な行為という実践を必要としている．というのは，アリストテレスに従えば目標は，生活全体の中で人がまさしく自己自身を実現する振る舞いにこそ備わるからである．このことに実際に成功するならば，人は人生全体を善き生，善き実践として，また幸福な生として送ることになる．その際明らかになるのは，行為の他の諸目標は，道徳的に価値がありまた倫理的に善いと評価するにははじめからふさわしくない，ということである．したがって行為者が最終的に富，権力，名誉，快楽だけを重視する生の構想は挫折を余儀なくされる．というのは，金を蓄えること，政治権力を獲得すること，名誉を増大させること，身体的快楽を享受することは，それ自身を目的として持続的に追及し獲得することのできる目標ではないからである．したがってこれらは自己の生の構想の最終目的としてもふさわしくない．これらには人間の自己保存または自足生活(アウタルケイア)が成功を収めるための道徳的性質が欠けているからである．そこで確実に言えることは，アリストテレスに従えば，これ

らのものは全体として幸福な生を可能にすることも，弱い意味での規範的正当性に求められる基準を満たすための候補として挙がることもないということである．そこでアリストテレスの哲学的倫理学が，これらの目標が生の包括的目的としての善を規定するためにはふさわしくないということに十分な論拠を与えているということを認めるとしよう．しかしながら，では人間の幸福は一体どこにあるのか，という問いへの答えは曖昧なままにとどまり，かつ循環的であるようにも見える．というのもアリストテレスは，人間の道徳的善は人間の善き実践に，すなわち善き幸福な生に備わると述べているからである．

　アリストテレスは徳に関する彼の教説によって初めて，善き生に関する見通し難く無規定でもある彼の論述に対して，人間の振る舞いの包括的目標としてのより詳細な特徴を与えることができた．つまり，倫理的徳〔の概念〕によってアリストテレスは，道徳的に正当な振る舞いに関する彼の思想を内容上より厳密に規定することができたのである．その際アリストテレスは，倫理的徳を身体の徳および知性の徳とは区別して，道徳的に正当に振る舞うために不可欠の性格の徳として論じている．そこで彼は性格の徳を一般に，自然的〔先天的〕素質としてではなく，人間が適切に行為するために〔後天的に〕獲得する状態または性状として定義している．「節制」「勇気」「正義」といった倫理的徳（『ニコマコス倫理学』第2巻-第5巻，1103 a 14-1138 b 15参照）は，訓練，模倣および洞察により獲得され，各人の性格を刻印付ける行為の性状であり，──知性の徳である思慮とともに──所与の個別ケースにおいて正当に振る舞い，行為の正当な目標を選択し，その目標を達成するために適した手段方法を考量することを可能にする（『ニコマコス倫理学』第4巻，1138 b 16-1144 a 10参照）．したがって倫理的徳は，思慮および実践理性とともにそれ自身単に行為のための性状にとどまるのではなく，同時にまた振る舞いの道徳性を洞察するための源泉ともなる．

　倫理的徳に関する論述が『ニコマコス倫理学』において量的に見ても最大部分を占めていることがこのことに対応している．この部分はアリストテレス道徳哲学の核心部であり，「幸福な生」としての「善」に関する彼の規範的言説を道徳的振る舞いと結び付け，そうして道徳的善として表示されるものを具体化することを可能にする．一方，このように倫理学が内容面で具体化されるのを見ていくと，論証の循環性がアリストテレス倫理学全体において典型的なも

のであることが明白となる．アリストテレスは道徳的正当性という意味での善の基準がどこにあるかということを述べる際，善き人物の具体的な成功例を引き合いに出すのを常とした．そうである以上，倫理学が〔既存の〕慣習・規約に依拠するものだという非難は謂われのないものではない．彼にとって道徳的に善い人物とは倫理的徳を有している人物に他ならない．こうして，徳を有しているということが，道徳的に正当なものの倫理学的基準としての善とは何かという問いに最終的に答を与え，〔しかも同時に〕この道徳的に正当なものはもっぱら，人がいかにして現実の生活の中で振る舞いを決定するのかということによって示されるのである〔こうして循環論法が成り立つのである〕．

倫理的徳に関する教説においてアリストテレスは，おおよそ同時代の理解を踏襲しており，その際社会における最善の人びと（アリストイ）のための自足生活，すなわち紀元前5世紀の支配的な貴族政治（アリストクラシー）の理想を好んで引き合いに出す．そこで，アリストテレス徳倫理学のモデルに対しては，以下の4点が正当な哲学的批判として，今日に至るまで倫理学の議論において中心的役割を果たす．(1) 道徳的正当性の基準すなわち善を探求する際の，根拠付けおよび説明の循環性の問題，(2) 社会の価値選好への徳論の依存性（アリストテレスの時代の貴族政社会の徳論は，万人の自由・平等に基づく正義の規範概念とは大きく異なる），(3) 道徳的に正当なものの原理の普遍性への倫理学的要求の欠落，(4) 道徳的義務付けに関する規範理念の欠落．

〔練習問題〕
1．アリストテレスは実践理論としての倫理学にどのような認識論的性格が備わると考えただろうか．
2．倫理学の基礎付けのためにアリストテレスが引き合いに出した行為概念を諸要素に分析してみよう．
3．アリストテレスによれば，実践理論としての倫理学を規定するうえで徳が基本的に重要な役割を引き受けることができるのは，いかなる理由によるだろうか．
4．アリストテレスの徳倫理学モデルの長所と短所を挙げてみよう．

❹ アリストテレスの徳倫理学

アリストテレスは彼の倫理学において，彼の師であるプラトンの道徳理論だけでなく，同時代の道徳をも批判している．プラトンに対して彼は，倫理学が人間の振る舞いを出発点とし，これを弱い規範的意味において「より善く」するための知を探求する「実践理論」であると主張する．倫理学は実践理論として，必然的な知に到達するわけではないが，現実の行為の多様性と可変性に対応し得る，おおよその輪郭についての類型知には到達する．

アリストテレスによれば，あらゆる生物は種に固有の目的を追求する．人間の振る舞いは，目的に向かう（目的論的）努力の特殊事例であることが示される．なぜなら行為者〔である人間〕は行為の目的を知り，その目的および手段を選ぶことができるからである．アリストテレスは制作的行為を，行為の目的が行為遂行の外部に存在するもの(ポイエーシス)として規定する．一方，狭い意味での実践的行為(プラクシス)においては，目的は行為遂行の内部において達成される．アリストテレスは人間の振る舞いの包括的目的を，道徳的意味における「善き実践」(エウプラクシア)または「幸福な生」(エウダイモニア)として規定する．

アリストテレスが善き実践または幸福な生に道徳的性質を与えるのは，人間がそのような生によって自己を実現するからである．ここで問われるのは，人間の道徳的完成および「自足」(アウタルケイア)（自己保存，自己支配）の理想である．人間はこれを振る舞いにおいて「徳」(アレテー)によって，とりわけ知性的徳（思慮）(プロネーシス)および性格の徳（倫理的徳〔節制など〕）(ソープロシュネー)によって得る．善き生における道徳的善は，徳を備えた善き人が例証するとされる．

アリストテレスの倫理学モデルにおける論証の難点は，倫理学史において繰り返し体系的に論じられてきた．その中には以下の問題が含まれる．(1) 道徳的善を根拠付け説明する際の見逃すことのできない循環論法，(2) 実践理性および徳の所有に関する彼の学説の，同時代の社会における価値選好への依存性，(3) 道徳的に正当なものの普遍性への要求の欠落，(4) 規範的な道徳的義務付けの理念の欠落．

2.2 功利主義的帰結主義

　倫理学的功利主義にはさまざまな変種があるが，それらはいずれも伝統的な道徳および倫理学に対して批判的立場をとる．因襲的道徳と意識的に袂を分かつことに自身の貢献を見出す功利主義者もいる．前節で検討した，アリストテレスに代表される徳倫理学のモデルとの相違もまた見逃すことができない．それ自身において価値があると認識される生活実践のための道徳的善の基準，およびこの実践を可能にする徳の代わりになるものとして，功利主義的倫理学は合理的に規定され，普遍的妥当性を要求し，かつ狭い意味においては義務付けの性格も有する，道徳的に正当なものを一義的に規定するための基準を探求する．しかしながら，第3のモデルすなわちカントにおける義務論的倫理学の構想（2.3参照）とは異なり，〔功利主義的倫理学においては〕語の本来の意味において規範的内実を持ち，万人によって受け入れ可能な——あるいはそうであると主張される——基準は，理性の実践的第一原理において見出されることはない．その基準はむしろ，行為から生じる帰結によって規定されるというのである．その場合倫理学的観点からは，意図された帰結と，予測し得る帰結とが区別されなければならない．後者は行為者の予見的観点から，または実際に生じた帰結に関し回顧的に考察されなければならない．さらに，行為の直近の帰結と中長期的帰結とが区別されるが，これは原理的困難を伴い，明確な区別は不可能である．

　このように行為の帰結への問いに焦点を絞ることによって，功利主義的倫理学は「倫理学的帰結主義」にも属する．「倫理学的帰結主義」とは一般に，道徳的に正当なものの基準を，行為者自身の「中に」ある程度備わっている前提や態度からではなく，振る舞いの帰結の評価から引き出す倫理学のことを指している．この倫理学が「功利主義的」であるのは，行為の帰結に対するきわめて特殊な評価，すなわち効用原理（principle of utility）に基づいているからである．この原理に従えば，何かが善いと評価され得るのは，それが万人にとって利益となるか，または行為の関係者にとって共通の利益となる限りにおいてである．その際，効用原理はさまざまな仕方で行為の帰結に関連付けられる．すなわち，

端的に個々人の快の総和としての「最大幸福」の観念に依拠するか，またはいわゆる「万人の福祉」の観念に依拠するかのいずれかである．ちなみにいずれの観念も古代哲学に見出される．それぞれの解釈・適用の仕方の相違は大きいが，効用原理そのものはその相違に対して中立的である．

　倫理学的功利主義の古典的立場は，18世紀末における**ジェレミ・ベンサム**の関連先行研究（『道徳および立法の諸原理序説』1780/1789年）に続いて，**ジョン・スチュアート・ミル**によって表明された．1863年には当該倫理学の潮流に名を与えた彼の道徳哲学書『功利主義』が公刊されている．別の著者によるものとしては，**ヘンリー・シジウィック**（Henry Sidgwick, 1838-1900）の『倫理学の方法』（1874年）が重要である．

　道徳的に正当でありかつわれわれの義務となる振る舞いに対する倫理的原理を規定するための，首尾一貫した，つまり合理的根拠を有しまたそれゆえに万人を説得し得る基準を探求する過程において，ミルの功利主義モデルは，（道徳的振る舞いまたはその他の行動様式のいずれについてであるかを問わず）善き振る舞いというものを日常的に評価する際にもすでに多様な形態で見出される効用原理とは峻別される．効用原理に従えば，行為の価値は，行為のもたらす効用から生じるのであって，人が振る舞いにおいてまた振る舞いによって従っている意図から生じるのではない．さまざまな日常的な行為の文脈に対して実際に適合しまた確証されている効用原理は，当然のことながら，道徳固有の行為評価においても見出される．たとえば「目的は手段を正当化する」という行為の道徳的格率が主張されるような場合である．そのような格率が道徳的に容認される行為の文脈すら存在し得る．しかしながら，ここでくわしく論じることはできないものの，そのような「道徳的」格率を倫理学的に普遍化し，行為および行為の文脈全般に対して道徳的に正しくまた適切であると特徴付けることができるか否かは別問題である．

　いずれにせよ，倫理学的功利主義はその論証モデルにおいて，そのような想定〔「目的は手段を正当化する」という道徳的格率を倫理学的に普遍化し得るという想定〕からは遠く隔たっている．論争上のカリカチュアとしてそのような立場が功利主義に帰せられることもあるにはあるが，それはもっぱら論敵の側からである．とはいえ，行為のそのような格率の背後にあるメンタリティは

たしかに多くの人びとの日常道徳において流布しており，功利主義の倫理学モデルにとって，具体的な行為の文脈に適用された倫理学的反省においてそのような通俗化を免れることはつねに容易であるわけではない．功利主義者の中には——ミルとは異なり——端的な経済的効用原理から倫理学的に距離を置くことにさほど関心を示さない者もいるように思われる．しかしながら，このような道徳理解を吟味し，場合によっては十分な根拠をもって批判することこそが，哲学的倫理学の最優先課題なのである．

　効用原理のそのような理解を道徳の普遍的原理であると見なしてこれに同意することからは，ジョン・スチュアート・ミルの倫理学的功利主義のモデルは明確に区別される．彼の主張によれば，道徳的に正当な振る舞いの倫理学的原理を根拠付けるためには，4つの部分原理を1つの包括的論証へと統合しなければならない．その部分原理とは以下のものである．(1) 帰結主義原理，すなわち行為および行為者の道徳的評価は行いの帰結によって為されなければならないとする道徳哲学的想定．(2) 効用原理，すなわち行為を道徳的に正当であると評価し得るためには，他の行為の選択肢と比べた場合に，行為の帰結において明確に記述し得る効用，あるいは少なくとも合理的に期待し得る利点があることを証明しなければならないとする想定．ここでは予見可能な帰結と，予見し得ないが倫理的に重要である帰結とを区別することが可能である．さらにこの効用は，(3) 行為によってどの程度幸福を増大させ不幸を防ぐことができるかということに基づいて判定されなければならない．このことはミルにとっては——快楽主義の伝統に即して——どの程度快および喜びを質的にも量的にも増大することができ，それに対応して苦痛を減少させることができるかということを意味する．最後に，功利主義の倫理学原理にとって決定的な指針となるのは，(4) 客観的に幸福／喜びを増大させ，不幸／不快を減少させることが，行為者自身または少数の人びとにのみ当てはまるのではないということである．むしろ一般的な厚生の原理（いわゆる「社会原理」）すなわち，行為に関与する人びとすべてにとって，あるいは少なくとも多数の人びとにとって，幸福が増大するという原理が功利主義には妥当する．一般的厚生の原理はしばしば常套句「最大多数の最大幸福」として表現される．

　これらの部分原理が組み合わされることによって，各々の原理が功利主義の

倫理学モデルにとって重要なさらなる観点のために寄与することは明白である．これら4つの部分原理は必然的に以下のように，行為を判定するための，4つの主要概念を伴う1つの倫理学原理にまとめられる．すなわち，行為の道徳的正当性は，帰結主義原理を基準として，効用原理，快楽主義原理（または「幸福」の増大）および一般的厚生の原理（または「社会原理」）を結び付けることによって規定される．その際，倫理学的に決定的な基準は，不偏不党性の立場から吟味されなければならない．

　ミルが描出し，古典的功利主義を提唱する者によって支持される倫理学モデルに特徴的なことは，1つの倫理学的立場を表明するためにこれらの諸観点やタイプを異にしさえする言明が固有の仕方で結び付けられているという点である．それはつまり，行為の道徳的正当性を不偏不党の立場から吟味するために，上述の4つの倫理学的原理が1つの複合的な倫理学的基準へと統合されているだけではなく，まったく異なる性格を持つ諸言明が組み合わされているということである．これは当該倫理学モデルの方法上・内容上の問題点を示唆する．すなわちミルにおいては，行為の帰結だけに注目するというような道徳哲学的諸前提が，人間本性および，ミルの想定によれば事実上万人の有するとされるいわゆる自然的関心といった人間学的想定を伴っており，その諸前提が行為のより高いまたはより低い目的に関する道徳的価値評価と結び付けられているのである．この倫理学的または人間学的諸前提はさらに，万人にとっての快の増大または苦痛の減少を，行為に対して直接的に，または関係者に対して間接的に要求する規範的言明と結合される．この結合は事実に関する経験的に記述し得る期待によって裏打ちされている．このように帰結評価と価値評価とを結び付けることによって初めて，ミルが彼の功利主義的帰結主義に対して要求する合理性および普遍的な信憑性が得られる．注意深く見るなら，ミルにおいては彼がそれ以上問うことのなかった〔最後の拠り所とした〕常識に基づく言明は，自然的関心の確定および規範的準則と結び付けられ，そこから効用の想定を吟味するための客観的基準として提起されるものと手を取り合う形で，行為の格率が導き出されることになるのである．

　こうした「混合状態」によってこそ倫理学的功利主義は，今日に至るまで多くの人びとにとって魅力的なモデルとなってきた．このことには，功利主義が

倫理学の伝統において認められてきた諸前提と手を切ったことも寄与している．しかしながら他方，まさにこの混成体によってこそ，倫理学的功利主義モデルは，首尾一貫性および根拠付けをめぐる重大な諸問題に直面しているのである．この諸問題は，当該モデルが哲学的議論において同意だけでなく批判・拒否をもって受けとめられ，そしてまたさらなる発展のきっかけとなることの根拠でもある．

　功利主義モデルに対しては4つの批判が考えられる．

(1) 功利主義の出発点となるテーゼ，とりわけ行為の有用性の評価だけから行為における義務付けの規範的要求を導き出すことができるとするテーゼは，相当程度の根拠付けを必要とする．普遍的利害関心または人間の幸福へ向かう事実上の努力もそうだが，効用原理もまた，規範的義務付けを導き出すにはふさわしくないように見える．実在性に関する想定から規範的洞察を得ることはできず，もしそうすれば，事実に関する記述的言明から規範的言明を導き出すこと〔自然主義的誤謬〕の論理上の禁令に反することになるからである．

(2) 喜びと苦痛，快と悲嘆すなわち「積極的感覚」と「消極的感覚」は，各人の体験および評価において質的に異なるものだが，これを他の人びととの感覚との関係において幸福経済的観点から平均化するために量的計算へと持ち込むことが可能であるとする提案は現実に遂行することができない．この提案には少なくとも手続き上疑問の余地があり，合理的に考えて首尾一貫性を保ち難いように思われるからである．

(3) ミルの論証においては，人びとの客観的な利害関心とされるものが，個人の事実上表明された利害関心に対していかなる関係を持つと考えるべきかが明確ではない．ミルによる倫理学的検討はこの点に関し，あいまいな推測やせいぜい統計的蓋然性の想定に頼るのみである．だがそこでは，人びと自身が行為者または行為の直接の関係者としてみずから言葉に出す利害関心は考慮に入れられない．ここでミルが表明しているのは社会科学に由来するある種の方法論的客観主義であり，これによって個々の当事者の道徳哲学的視点が考慮に入れられないままとなっているのである．

(4) この問題とさらに結び付いているのは，正義への問いと密接に関連する問題である．功利主義的倫理学モデルの諸前提からは，なぜ各人に不可侵の人権および道徳的尊厳が，各人の行為の帰結に関わりなく帰属しているのでなければならないかが明らかとならない．この観点の重要性は，功利主義モデルをカントの倫理学モデルと比較することによって示される．すなわちカントは各人の自己目的という理念から各人の尊厳だけではなく，人間を単に手段として利用することの定言的な道徳的禁令を根拠付けた．つまりカントによれば人間は「普遍的繁栄」のための単なる手段ではない．この思想に基づいてカントは法哲学において，人間の自由が各人の生得的権利であるという重要な洞察を展開したのである (2.3参照)．

　ここで先取り的に示された，任意に処分することのできない人間の尊厳，ならびに生得の自由権といったカントの要請は，われわれの振る舞いに関して道徳的に正当なもの，そればかりか基本的な倫理的観点への問いに答えるために有効な倫理学的基準となるように思われる．功利主義的帰結主義のモデルは，この問いに対して，ここで述べた理由から，十分に説得力のある立場を取ることができないように思われる．いずれにせよ，これらの要請は功利主義モデルの諸前提からは生じてこない．

　これらの，またさらなる問題状況に対し，倫理学的功利主義の近年の支持者たちは，現代哲学における倫理学モデルの内部でさまざまな仕方で応答している．複雑な論争状況を本入門書で詳述することはできないため，ここでは3つの有力な潮流のみを指摘しておきたい．まず**行為功利主義**（たとえば**ジョン・J. C. スマート**）の見解によれば，個々の行為はそれが関係者に対してもたらす帰結の分析および評価によって倫理的に価値付けされなければならない．ここで上述の問題状況がどの程度回避されているかという問いは除くとしても，このような立場からは，ここで述べられた基準の倫理学的信憑性そのものを疑問に付すことになるさらなる帰結問題が生じないかどうか，明らかにしておく必要がある．この倫理学的基準に賛同する人であれば，ここで提唱されている道徳原理を解釈するにあたってたとえば，各人からその人が健康であるか否かを問わず，さらにその人自身の意思に反してでも，良好に機能する臓器を取り出して，

可能な限り多くの，当該臓器の移植によってのみ生命を維持し得る人びとに移植し，彼らの正当な願望を叶えることは正当化可能であると考えるかもしれない．しかしながらこのような論証は，道徳的に尋常でないことに加え，この論証の背後にある，こうした推論を可能にするかのように思われる原理そのものを捻じ曲げている．ここで考慮に入れられている原理が，人は人生の特定の時点において他の人の幸福へのまたは生への利害関心のために道具化されてよいという「道徳的」原則を倫理学的に根拠付けることができないことは明白である．上述の例に見られるように〔個人間の区別および効用の質的相違を度外視した〕純粋に量的な効用計算を適用することは，〔功利主義原理そのものの妥当性とはかかわりなく〕道徳的正当性の基準への倫理学的問いにおいては端的に無意味である．

　この理由から，行為功利主義は功利主義の倫理学モデルの内部においても鋭い批判にさらされてきた．行為功利主義に対抗しているのはいわゆる**規則功利主義**（リチャード・B. ブラントなど）である．この立場によれば，行為の倫理学的考察において決定的であるのは，個々の「行為」から幸福が帰結するのか否か，また帰結するならばどの程度か，という問いではなく，一般的厚生が特定の行為「規則」から帰結するか否かという問いである．このタイプの功利主義においては，すでに触れた量的計算の意味における単純な効用の比較考量が念頭に置かれているのではないことは，容易に見て取ることができる．規則功利主義においてまず検討されなければならないことはむしろ，そもそも特定の個別行為があらかじめ立てられた行為規則に対応しているか否かであり，また対応しているとすれば，この規則のいかなる充足条件に関してであるのか，ということである．この問いに答えて初めて，倫理学的帰結主義に典型的な帰結の比較考量が行なわれるべきであるとされるのである．

　規則功利主義の立場は行為功利主義に対して重要な相違点および明白な利点を持つ．だがこの相対的な利点にもかかわらず，われわれが行為においてなぜ，このように検討された規則が規範的拘束性を持つものと見なしこれに従うべきであるのかは，依然として明白ではない．類似した問題は，より新しいタイプの倫理学的**選好功利主義**（ピーター・シンガーなど．4.3参照）にも当てはまる．ここでは，期待され得る費用対効果の分析から，容認されるまたは容認されない，

規範的に命じられるまたは禁止される行為または行為規則の規範的要請が，十分に説得力のある根拠を提示することのないまま導き出されているのである．

ジョン・ロールズ（John Bordley Rawls, 1921-2002）はこのことへの疑念から，公正としての正義という実践的行為原理を着想した．これはその中心思想において功利主義的帰結主義に明白に対立する．ロールズの論証における出発点となる洞察によれば，効用の観点，あるいは特定の人口に対する総効用を計算する観点は，十分合理的に算定され将来の各当事者に対して評価されていたとしても，それだけではいまだ，個々の行為，行為規則，または行為状況を道徳的に善であり，命じられ，正当であると，または誤っており不正であると説明するための基準としては不十分である．そこでロールズは各人の自由を，効用の比較考量に対しても，さらには特定共同体における〔効用の〕社会的調和に対しても原理的に優位を占めるべき第一原理として規定したのである．

練習問題

1. ジョン・スチュアート・ミルは功利主義的帰結主義モデルをどのような原理の上に打ち立てたであろうか．
2. ミルの功利主義モデルの長所と短所を挙げてみよう．
3. 現代の功利主義諸構想は，いかなる点において，功利主義的帰結主義の根拠付けという課題を解決するためにミルの構想よりも適していると言えるだろうか．

---

❺ 功利主義的帰結主義

厳密な意味で規範的方向を有するジョン・スチュアート・ミルによる倫理学の基礎付けモデルは，4つの原理を相互に結び付けている．(1)帰結主義の普遍的原理, (2)功利性の原理, (3)快楽主義の原理および(4)社会原理である．その際，行為が「道徳性」（または「道徳的正当性」）を満たしているか否かということに関する倫理学的吟味は，不偏不党性の厳密な基準に即して行なわれることになる．功利主義的帰結主義のモデルにおける倫理学的論証は，一連の根本的な諸問題を示唆している．その問題は，少なくともミルにおいては，上記の4つの部分原理を1つの倫理学原理へと統合することから生じる困難と方法論的に関

連を持つ．他方，功利主義が合理性および不偏不党性の1つの厳密な基準を表明していることは疑うことができない．だがこのことは以下の4つの，倫理学的に未解決であると思われる問題状況を変えるものではない．(1) 功利性原理の根拠付けが不十分であるという問題は，効用の比較考量からはいかなる規範的義務付けも導き出すことはできないということによって説明することができる．(2) さらなる問題は，行為主体の「質的」経験を「量的」に比較するということから生じる．喜び，幸福または苦痛の経験というきわめて個人的でありつねに質的に感受されるものを，量的に計測し主体間でバランスをとるということがいかに可能となるのか，定かではない．(3) それに加えて，功利主義の倫理学モデルは「万人の利益」の考量から規範的帰結を導き出そうとするが，その際各人の具体的利益がいかに考慮に入れられるのかということは明らかではない．(4) 正義の問題もまた未解決であり，功利主義の倫理学モデルの諸前提からは，なぜ個々人がそもそも自由，処分不可能性および（自己目的性という意味における）尊厳の道徳的主体として考えられなければならないのかということを根拠付けることができない．

功利主義の倫理学モデルは近年では，行為功利主義，規則功利主義，選好功利主義といった新たな提言をもたらした．行為功利主義は功利性原理と個々の行為とを道徳哲学的に説得力のない仕方で結び付けているため，規則功利主義の提唱者たちによって批判されている．規則功利主義者の提言によれば，功利性の吟味は個々の行為にではなく，行為の様態および規則にこそかかっている．しかしながら，規則功利主義においてもなお，行為における道徳的妥当性への要求が論証においてどこから導き出されるのかが依然として明白ではない．このことは選好功利主義についても当てはまる．

2.3　カントの義務論的倫理学

倫理学モデルの根拠付けに対する**イマヌエル・カント**の貢献は――彼自身は18世紀哲学の用語法により「人倫の形而上学」という言い方をしているが――それを示すにあたって哲学においては「義務論的倫理学」という綱領的標題が用いられており，ここでもそれに従うこととする．だがこの概念が意図するのは何であろうか．「義務論的（deontologisch, deontisch）」という形容詞はギリシア

語に由来し，非人称の動詞形を用いて（ギリシア語:「必要である」dei，ドイツ語:「為さねばならない」man muss，「為すべきである」man soll，「……することが必要である」es ist nötig)「義務付けられていること」「為すべきこと」を指し示す．名詞である to deon は道徳的であるか法的であるかを問わず，実践的義務，すなわち自身の行為において為すべきこと，または為さざるべきことを意味する．したがって「義務論的（deontologisch）」という語は，同じく哲学において用いられる「存在論的（ontologisch）」という形容詞とは内容上無関係である（存在論 Ontologie とは存在 Sein または存在者 Seiendes に関する学説であり，「存在者」とは現実的なもの Wirkliches または実在的なもの Reales のことである）．

　それゆえカントにおいては，義務論的倫理学の概念が，道徳的に正当なもの（カントにおいては「道徳性 Moralität」または「人倫性 Sittlichkeit」）の倫理学的基準を特殊な道徳的義務との関連において規定しているということが示されることになる．そこで彼は，合理的かつ普遍的に根拠付けることができ，万人にとって適用可能な道徳的正当性の判断基準をわれわれに与えることになる倫理学原理を探求する．この原理はそれ自身あらゆる人びとによって洞察可能であり，無条件の要求を含んでいる．カントはこの合理的原理をわれわれ〔人間〕においてのみ働いている，実践理性と彼の名付けた能力において探求しまた見出すのである．すなわち，実践理性は単に道徳的命令を認識するにとどまらず，われわれの道徳的振る舞いに対する「法則 Gesetz」の形式においてこの洞察を与えるのである．

　このように見ていくと，実践理性は単に行為の領域における認識能力としてだけでなく，道徳的「立法 Gesetzgebung」の能力として規定されていることになる．われわれの理性は，道徳的に正当な行為に対する法則の洞察を他ならぬわれわれ自身に与えるのであるから，カントはここでもまた「自律 Autonomie」の原理について，すなわち実践理性にとって基本的となる道徳的「自己立法 Selbstgesetzgebung」の原理に言及するのである．

　カントの定言命法は，道徳的洞察および道徳的義務付けのこの第一原理からは区別されるべきである．定言命法はそれ自身原則として，自律原理から導き出されているからである．そして定言命法は「無条件の行為要求」のモデルにおいてわれわれに基準を与え，それによってわれわれは個々の振る舞いのケー

スにおいて，行為への意欲における主観的格率が，われわれ自身の実践理性によって道徳的に「正当」であると洞察されることと，またそこで同時に「為すべきである」と命じられることと正確に対応しているか否かを吟味できるようになる．そこでなんとしても堅持されるべきことは，カントはたしかに定言命法すなわち道徳的正当性の倫理学的吟味基準に対して複数の定式を示してはいるものの，彼が道徳性の最上原理にして最終根拠として定義しているものはただ1つであり，それがまさに実践理性の自律の原理に他ならないということである．

　このような構成により，カントの倫理学モデルは本書で紹介する他の倫理学モデルから明確に区別される．彼の試みはまず，徳に適う仕方で振る舞うがゆえに「善い」とされる人の成功した生活実践から道徳的善の規範的優位を導出することを目指すアリストテレスのモデルから区別される（2.1参照）．カントの倫理学構想はさらに，彼が道徳的に正当なものの基準への問いを行為の外的帰結およびその可能な限り多数の関係者に対する効用に関連付けるのではなく（2.2参照），行為者の内面において「実践理性」による行為への「意志」の規定に関連付けているという点において，功利主義的帰結主義から区別される．功利主義もまた，不偏不党性を普遍的な倫理学原理としているものの，しかしカントが問題にしている不偏不党性の要求の根拠付けはこれとは趣旨を異にしている．カントの倫理学モデルは，理性の自己立法または自律という形をとる，実践的な自己義務付けへの自由な洞察を目指すものであるため，彼の倫理学的要求には〔功利主義の場合とは〕別の重心があることになる．そこでカントの倫理学モデルは，道徳的自由を主観的任意性 Beliebtheit と混同することからも区別される．カント自身の言葉を用いるなら，「意志 Wille」と「選択意志 Willkür」の混同は避けなければならない．

　実践理性の洞察に従うよう義務付けるというカントの思想によって彼の倫理学は，古代哲学においてすでに無条件の道徳的義務に関する義務論的倫理学を仕上げていた**ストア派**と結び付く．人間理性そのものの根底において道徳的に正当なものへの洞察があるという主題は，古代後期の**アウグスティヌス**（Aurelius Augustinus, 354-430）において受け入れられ，中世の倫理学的議論（**アルベルトゥス・マグヌス，トマス・アクィナス，ヨハネス・ドゥンス・スコトゥス**）を介

して，カント倫理学において体系化されたという経緯がある．

ところでここで指摘しておかなければならないことは，カントの道徳哲学への貢献は，個別状況における道徳的振る舞いという具体的問題は考慮の対象としないという意味での，倫理学の義務論的基礎付けに尽きるものではない，ということである．たとえば**マックス・ヴェーバー**（Max Weber, 1864-1920）はカントを純粋な「心情倫理学者 Gesinnungsethiker」であると見なし，カントにとって〔行為の動機ではなく〕行為内容そのものおよび行為の結果に対する責任の引き受けは道徳的に重要性を持たないものと見なされたと理解したが，これは誤解であり，このような誤解は〔カント倫理学を倫理学の義務論的基礎付けに過ぎないと見なす以上〕克服し難いであろう．こうしたカント解釈には19世紀の著名なカント批判者たち（とりわけ**ヘーゲル**および**ショーペンハウアー**）が加担したが，これは誤ったカント像であると言わざるを得ない．むしろ近年の倫理学においては，**カント**と**アリストテレス**それぞれの倫理学モデルを相互に密接に結び付けるという興味深い提言がなされている（**ナンシー・シャーマン，オローナ・オネイル，オトフリート・ヘッフェ，ルドガー・ホネフェルダー**等）．今日ではカントの倫理学モデルを，以前の狭隘化に対抗して拡張しなければならない．そしてこのことは，道徳的なものの倫理学原理が完成された形で見られるカントの比較的早い時期のテキスト（『人倫の形而上学の基礎付け』1785/86年および『実践理性批判』1788年）に依拠するだけではなく，実践哲学に関する後期の成熟した作品（とりわけ『人倫の形而上学』1797/98年）をも〔研究対象として〕付け加えることによって可能となる．

「実践的」とカントが称する理性は，人間の「理論的」理性と異なる能力を指すわけではない．理性は人間に固有の1つの認識・思考能力であって，この能力が人間の行為，努力，意欲の認識をめぐる問いに関して「実践的」と称されるのである．カントによれば，実践理性の能力に同時に結び付いているのは，自身の行為および行為に先行する意欲を，自由に，すなわち自身の感性的・情念的動機から独立してみずから決定する能力である．カントにとって道徳的行為においてはまさにこの自由が不可欠のものとして要求される．この要求を満たすことができるのは，反省において行為の特定の表象を形成し，なおかつこの表象に従って行為することによってである．そこでわれわれは，道徳的法則

または行為の格率を反省的に表象し，これに従ってわれわれの意志は個別ケースにおいて具体的行為を規定することができるのである．

　カントによれば意志とは，実践理性の洞察に従って行為を方向付ける能力である．われわれは意志と理性とが必然的に同一であると見なされる純粋な理性存在者ではなく，理性の能力を持つと同時に身体を有してもいる生物であるのだから，実践理性によって正当である，または命じられていると認識されることを無条件かつ自動的に意欲するのではない．とはいえ，道徳的に正当なものがもっぱらわれわれの「純粋」な実践理性によって認識され得るのだとすれば，道徳的行為の場合においては，われわれの行為の依拠するわれわれの意志もまた，まさしくわれわれの実践理性が道徳的に正当である，または「為すべき」であると認識したことをこそ意欲するということにすべてがかかっている．そこでカントは比較的早い時期の倫理学書『人倫の形而上学の基礎付け』の冒頭で，この世界において，それどころか世界を超え出てさえ，語の道徳的意味において「善い」と特徴付けられまたそのように考えることができるのは，「善意志に他ならない」という綱領的命題を提起している（『人倫の形而上学の基礎付け』シュツットガルト，2011年，15頁）．「善意志」のもとでカントが理解しているのは，われわれの道徳的洞察の源泉である「実践理性」が道徳的に正当なもの，すなわち「命じられていること」または「為すべきこと」として認識したものだけをいわば含み，これだけを意欲する意志に他ならない．この意志 Wille はカントにとっては選択意志 Willkürwille ではない．すなわちそれは，任意のものを意欲し，外部から与えられた目標や選択肢を比較して自由に決定しなければならず，行為者と行為対象との「間」を媒介することで行為者の「関心〔間－存在 Inter-esse〕」に奉仕するとされる選択意志ではなく，純粋に実践理性によって規定される意志であり，この意志に対してこそわれわれは実践理性によって行為の道徳法則を与えるべきなのである．

　〔純粋実践理性の命じるもの以外の〕あらゆる動機，意図，われわれの意志への影響を除外するという思想を，カントは類例のないラディカルな形で定式化している．彼は認識された義務に鑑みてわれわれが行動し得る際の3つの仕方を区別することによって，彼の優先する道徳性の観点を事例を通じてパラダイム的に明確化しようとしている．

第1の仕方は外面的な義務遵守であり，カントが言うように「義務に即して」行為することである．この場合われわれは義務の要求することを行いはするものの，この義務を遵守することそれ自体のためではなく，たとえば刑罰を恐れてとか，あるいは他人の賞賛や承認を期待してのことである．この振る舞いは外面的適法性に対応する．すなわち，行為者はその行いにおいて外面的に義務を遵守しており，したがって行為者に課せられた禁止・命令を守ってはいるものの，義務によって命じられたことの正当性を洞察しそのこと自体のために振る舞う意図を持つわけではなく，明白に他の動機（他人の賞賛や承認）を持っている．

第2の仕方は，外面的に「義務に即して」ではなく，「義務に基づいて」行為することである．ただしこれはもっぱら義務の洞察のみに基づく行為を意味するのではない．「義務に基づく」行為に該当するのはたとえば，苦境にある他の人を救うべしという義務の命令を，この命令が正しいと洞察しているがゆえに遵守している（そして第1のケースにおけるように義務遵守によって賞賛と承認を得ようとしているわけではない）というケースである．しかしながらわれわれはここで，義務の洞察に加えて，個人的共感や友情など，われわれを苦境にある人と結び付け，援助行為への追加的動機となるさらなる根拠を持っている．

厳格主義で知られるカントはこうした〔第2の〕行為の仕方についてもそれが一義的かつ十分に道徳的資質を持つとは認めなかった．そこで第3の行為の仕方のみが道徳的行為であるとされる．カントによればこれに該当するのは，われわれが外面的に「義務に即して」行為する（それはつねに当然要求されることだが）にとどまらず，ただ「義務に基づいて」，なおかつもっぱら実践理性の洞察およびわれわれに対する義務付けの承認を根拠として行為するケースである．義務遵守のこの仕方のみが道徳性の基準に無制約にかつ疑問の余地なく適合している．そしてカントはこのような行為だけを「道徳的に正当な行為」と特徴付けることを認めたのである．

カントが道徳的なものをこのように先鋭化したために，彼の批判者たちは彼を過度に厳格な義務倫理学者として見ることを常としてきた．だがカント倫理学に対するこうした見方は部分的な正当性を持つに過ぎない．というのは，カントの道徳哲学書を幅広く検討すると，ここ〔『人倫の形而上学の基礎付け』

および『実践理性批判』〕において道徳的立場を概念上精緻化するために浮き彫りにされ，かつ意志の排他的な「純粋性」を志向していた思想がのちに一定程度拡張され，変形されていることが明らかとなるからである．その際，カントを純然たる心情倫理学者と見なし，彼が道徳的正当性を問う場合には意志規定または意図だけが問題となるのであって，同時にまた行為そのものも問題となるのではないと考えることには問題がある．というのは，ここで区別した義務遵守のいずれの形態においても，行為者が自分の行為において要求事項を実際に満たしていることが出発点となるからである．それゆえ，マックス・ヴェーバーが心情倫理学者のタイプに含まれると考えた行為の軽視は，カントにおいては当てはまるものではない．

　「善意志」は能力心理学の領域では「力」（あるいはカントが述べているように「動機 Triebfeder」）として位置付けられ，われわれ人間だけを道徳的行為へと動機付けるものと考えられているが，これは定義上，われわれの実践理性が「為すべき」ことまたは「為さざるべき」こととして認識することのみを意欲の対象とするとされる．したがって，実践理性は道徳的に命じられていることをただ観察者の中立的視点から距離をとって認識するだけでなく，行為世界の参加者としてのわれわれ自身を名宛人とする「為すべき」であるという指令を行うことによって，最終的にはこの認識のための機関にして源泉となる．こうして実践理性は道徳の立法者となり，自己立法・自律という実践理性固有の原理に従ってのみこの課題を果たす．この自律によって実践理性は意志に自由を与える．というのはカントによれば，道徳的に「善く」あることができるためには，意志は内的および外的制約条件から解放されているのでなければならないからである．つまり意志は，外的または「他律的」であるがゆえに意志を侵害する「疎遠な」行為目的から自由であるだけではなく，内的情念（ラテン語の passiones）または感性的衝動からも自由でなければならない．意志の部分的な不自由でさえすでに実践理性の他律に該当するものであろう．だがカントによれば，意欲が道徳的に無条件であることへの要求，およびそれに従って行為が道徳的に正当であることへの要求が失われてはならないとするならば，意志に対する〔外的および内的〕いずれの形態の侵害も阻止されなければならない．

　とはいえ，実践的認識能力の基本概念を道徳性の規定に関してこのように分

析しただけでは，実践における道徳性の具体的適用に関して十分に語ったことにはならない．だがまさにこの具体的適用こそがカントの定言命法の課題なのである．彼はわれわれに常時使用可能な羅針盤にも比すべき手続きを与えたのであり，われわれはそれを用いて自分自身ならびに自身の意欲および行為に対してだけでなく，あらゆる他の人びとの意欲および行為に対しても同様に，われわれが特定の具体的な行為状況において事実上為そうと意欲することが，はたして実際に「道徳的」でありもっぱら実践理性に由来しているのか，それともわれわれの意志において「他律的な」，われわれの理性に由来するのでも理性によって是認されているのでもない動機，意図，目的が混入しているのではないかどうかを吟味することが可能となる．カントがさまざまに定式化した定言命法は，道徳性および道徳的正当性の「妥当根拠」であり最上原理であると主張されることがあるが，これは誤りである．妥当根拠を含むのはむしろ，実践理性が保持しなければならない自律の方である．定言命法がカント道徳学説の「内容」全体を表現していると主張されることもあるが，これも誤りである．定言命法はむしろわれわれの意思表明を統制するための適切な手段であり，その意味において，われわれが内的意欲においても外的行為においても「道徳的観点」をけっして見誤らないようにするためにまずもって遵守しなければならない基本的な道徳的行為規則を表現している．われわれの内面においてこの吟味規則を通じて吟味されたことは道徳的に正しいと特徴付けることができ，これはわれわれが行為そのものにおいて留意しなければならないさらなる諸条件がどのようなものであるかを問わず〔端的に〕妥当する．だからこそカントは定言命法に「仮言的」性格ではなく「定言的(カテゴリカル)」性格を付与したのである．つまり定言命法によってわれわれは，個別ケースにおいて自分の行為を方向付けるための行為規則または格率が，実際に道徳的に正当な行為規則または格率の「カテゴリー」に属しているのかどうか，すなわちそれがわれわれを規範的に義務付ける実践的言明に属しているのかどうかを吟味することが可能となる．

　カントが定言命法に対して与えたさまざまな表現様式は，倫理学的に啓発的でありまた道徳的にもきわめて重要な意義を持つ．これらは総じて，ある振る舞いの格率または主観的行為規則の道徳性を，実践理性を通じて普遍的観点から，最終的に道徳的に正しく，首尾一貫しており自己矛盾を含まず，したがっ

て無条件に義務付けるものであると証明し得るか否かを吟味することを目指している．定言命法のあらゆる定式に共通の課題はまさにここにある．

第1の定式は主観的な行為格率を普遍化可能性の光のもとで吟味することを意図している．「普遍的法則となることをあなたが同時に意欲し得る格率に従ってのみ行為せよ」（『人倫の形而上学の基礎付け』シュツットガルト，2011年，53頁）．

18世紀の哲学においては一般に，自然の概念は普遍的法則に従う「事物の現存在」という意味で理解されていた．この特殊な条件のもとで，カントは定言命法に次のような第2の定式を与えている．「あなたの行為の格率があなたの意志によってあたかも普遍的自然法則となるはずであるかのように行為しなさい」（同，54頁）．

定言命法の第3の定式において，カントは哲学的に重要なさらなる観点を明確に打ち出している．これによって彼は（多くの批判者によって不当にカントの立場と見なされ非難された）「空虚な形式主義」を明確に克服している．「あなたの人格とあらゆる他の人びとの人格とにおける人間性を，つねに同時に目的として扱い，けっして単に手段としてのみ扱うことがないよう，行為せよ」（同，65頁）．

第4の定式において，カントは行為の道徳性の基準にとって決定的な自律の原理を提起している．この原理は実践理性によって資格を与えられ，この原理から導かれる帰結を実践理性が意志へと媒介する．「意志が格率を通じて自身を同時に普遍的に立法するものと見なすことができる」ように行為せよ（同，72頁）．

第5の定式において，カントは「目的の国」の理性理念を用いている．「あらゆる格率は自身の立法によって可能な目的の国へと向かって〔あたかもそれが〕自然の国として〔存在するかのように〕調和すべきである」（同，75頁）．

定言命法のこれらの異なる定式に共通するのは，カントによればそれらが，行為者が行為の根底に置こうとする主観的行為規則または格率が実際に道徳的であり，その限りで倫理学的に正当化し得るかどうかを，行為者自身が吟味することを可能にする基準を定式化しているということである．その際，カントにおける倫理学の義務論モデルをめぐる議論にとって最大の関心事は，彼が単に格率の普遍化可能性という形式的基準を持ち出しただけではなく，つまり不偏不党の観点をとっただけでなく，2つの明白に実質的な基準を持ち出したと

いうことである．すなわち第1に，われわれは人間をただ手段としてのみ扱い，「自己目的」として尊重するのではないことにつながるようないかなる行為をも行ってはならない．第2に，あらゆる格率は「目的の国」において調和するのでなければならず，その中で各自の目的を有する人間は〔自己目的としての尊重の場合とは〕別の仕方で生ある存在として承認されることになる．カントによるさらなる詳論から明らかになることは，彼が定言命法のこの〔目的の国の〕表現様式を，人間は生ある存在として「尊厳」を有しており，この尊厳は人間の「自由」において，より正確には人間の「自由への根源的権利」において示されるという思想と結び付けているということである．カントは長きにわたる哲学的倫理学の歴史において初めて，定言命法のこれらの定式に以下の理念を結び付けた．すなわち，振る舞いが倫理学的観点から道徳的であると言えるのは，その振る舞いが他の人びとを尊厳および自由の担い手として，すなわち生得の根源的権利を有する主体，要するに人権を有する主体として尊重するものである場合に限られる，という理念である．本書でここまで扱われてきたいかなる倫理学モデルにも先立って，カント倫理学はこの体系的洞察を明確に打ち出した．

　『人倫の形而上学の基礎付け』における定言命法のこれらの定式の中で，カントの第2の道徳哲学書である『実践理性批判』において残ったのは「純粋実践理性の原則」として提示された定式のみである．これは古典的定式として同書の冒頭〔分析論第1章〕に登場する．「あなたの意志の格率がつねに同時に普遍的立法の原理として妥当し得るように行為せよ」（『実践理性批判』シュットガルト，2010年，50頁）．だがこのことが意味するのは，カントはこの時点から，行為格率の普遍化可能性の基準を志向しているこの観点のみが道徳的に正当なものの規定であると主張しているということではない．後年になってようやく執筆された『人倫の形而上学』（「徳論」）において彼は，定言命法のさらなる定式を提示しており，それは単にわれわれの内的意志だけではなく，われわれの外的行為そのものを道徳性の観点に照らして吟味するための規則として適している．彼は道徳性のこの観点を，実践理性の自律の原理および（自由であると思われている選択意志の依存性すなわち相対的不自由とは区別される）意志の自由において位置付けている．カントはまたここで哲学的倫理学にとって基本的な思想を

定式化している．それは，あらゆる行為は必然的に目的を持ち，かつ人間の目的設定は「自由の所作」として見られなければならないという思想である．カントによれば，道徳的行為が存在するのは「純粋実践理性の定言命法」が意志に対し，それ自身直接的に命じられているように思われる行為目的を指示する場合においてである（『人倫の形而上学』シュツットガルト，2011 年，259 頁）．カントにおける定言命法のこの形態および他の諸形態から明らかなことは，彼の倫理学モデルを定言命法のただ 1 つの形態すなわち行為格率の普遍化可能性または不偏不党性の要求へと限定するならば，このモデルを不当に狭隘化することになるであろうということである．

　カントは政治論，歴史哲学，宗教論，そして近年あらためて脚光を浴びている『人倫の形而上学』（1797 年 /1798 年）といった人間の振る舞いに関する数多くの著作において彼の道徳理論を詳述している．以前の著作においては何よりまず道徳性原理の精確な概念規定およびその哲学的根拠付けが，さらにはこの原理の現実性の（「理性の事実」説による）証明が課題とされた．これに対し後年の著作では倫理学的アプローチがさらに進められ，一方では法と政治の理論が，他方では徳と道徳的振る舞いの理論が展開されている．ここではさらに目的をめぐって実質的な考察が行われ，法義務と徳義務の多様性も言及される．ヘーゲルやショーペンハウアーはカントの倫理学モデルを非難し，それが「空虚な『為すべし』」の「抽象的形式主義」を超えるものではないとしたが，このように非難する者は明らかにカント道徳哲学のこれらの別の側面に無知であるか，または少なくともこれを体系的に評価し得ていない．

　一方，カント倫理学構想への別の非難は論駁することがより難しく，ある程度客観的正当性を有している．ここで挙げられるのはすでに指摘したようにまず〔第 1 に〕，倫理的に正当なものの「狭い理解」に依拠するとしてしばしば批判されてきたカントの厳格主義である．すなわちこの厳格主義には，行為を「義務に基づいてのみ」行うという厳しい倫理的基準を満たすことのない，道徳的なもののより広範な領域に属するもののすべてを排除する危険がある．だが理解しておく必要があるのは，カントは「義務かまたは傾向性か」という以前の著作における排他的な対立項を後年，みずからすっかり変形したということである．彼は義務概念に区別を設け，法義務と徳義務の区別はもちろんのこ

と，他の人への義務と自己への義務，内的義務と外的義務，実質的に規定された義務と形式的に規定された義務，さらには条件付の義務と無条件の義務を区別している．だが先述したように，カントは以前の著作においてすでに，定言命法の吟味規則を複数の観点から想定しているのであり，彼が義務として理解された道徳的に正当なものの基準を，ある定式または別の定式から〔それぞれ単独で〕期待されるであろうものよりも広範な意味で捉えていることは明白である．カントの著作におけるこの差異化によって，アリストテレスの倫理学モデルと，それどころか功利主義の倫理学とさえ，架橋することも可能である．第3章においてそれが試みられるであろう．だが決定的なことは，カントによる人間の尊厳原理の発見によって，道徳的振る舞いを非道徳的振る舞いから区別するための倫理学的に明白な，単に形式的ではなく実質的内容を備えた基準が与えられたということである．いかなる倫理学もこの基準に即して評価されるべきであろう．なぜなら，尊厳原理に含まれる根源的人権としての万人の自由という理念は，道徳的に正当なものの厳格な基準を個々の特殊事情を考慮に入れつつ，政治および法の領域へ適用することを可能にするからだ．

「空虚な『為すべし』」や「抽象的形式主義」といった非難とは異なるのはまた〔第2に〕，カントの倫理学モデルが「方法的唯我論」に基づいており，それはすでに道徳的関心を有し，自身の行為格率，意欲，行為意図および行為内容の吟味を自己批判的に行っている個人の表象によってのみ導かれているとする非難である．

〔第3に〕カントの理性理論は超越論哲学の諸前提に基づいており，今日の哲学の観点からは疑わしいとする非難もまた正当性を有する．これはつまり，認識の妥当要求を段階的に妥当理論的諸前提へと還元し，この妥当要求を認識の可能性として明らかにしていく反省のことを意味している．そこでカントにとって最終的には，実践理性の自律原理こそが道徳的義務付けについて有意味に語ることが可能であるための条件として指摘されるはずであった．だがこの超越論的論理学に基づく理性概念は，まさに道徳性に関連する実践理性を使用する際の個々の行為者自身の社会的生成，文化的可変性，言語的状況依存性・差異性を度外視していると非難されるのである．カントの理性概念に対するこの批判は原則的に同意し得るものである．この批判は，カントの倫理学モデル

を哲学的倫理学の基礎付けのためにどの程度体系的に引き合いに出すことができるかという問いに対する答えにもつながる．カントおよび彼の超越論哲学的理性理論へのこうした批判のいくらかの要素は討議倫理学にも見られる．そこで以下において討議倫理学の倫理学モデルを概観することにしよう．

練習問題

1．カントは「善意志」をどのように捉えていただろうか．
2．カントは道徳的行為の概念をどのように定義しているだろうか．
3．カントが彼の倫理学モデルを基礎付けるために必要だとしている倫理学における最上原理は何であろうか．
4．カントにおける定言命法のさまざまな表現様式，ならびにそれらが倫理学の基礎付けのために果たしている役割を分析してみよう．
5．カントの義務論的倫理学の長所と短所を挙げてみよう．

❻ カントの義務論的倫理学

　カントの義務論的倫理学のモデルは「善」という道徳的属性を，実践理性の洞察のみによって規定される限りでの人間の意志に対して確保する．人間の意志が道徳的な「善意志」であり得るためには，意志は消極的意味においてはあらゆる外部の影響から自由（または「純粋」）でなければならず，積極的意味においては実践理性による振る舞いの「道徳法則」への洞察によって意志内容を規定されているのでなければならない．意志が隈なく理性と合致し得るような純粋な理性的存在者とは異なり，人間の場合における「善意志」は人間の意識過程および意志過程の帰結としてのみ表象し得る．
　われわれが道徳的振る舞いのもとで表象することができるものは何かという問いに答えるために，カントは「道徳的義務」の概念に言及する．カントはこの思想を提起するにあたって，道徳的義務を命法の形をとる道徳性と同一視している．そこでカントは振る舞いにおいて人間が道徳的義務を果たす3つの様態を区別する．人間は(1)外的に「義務に即して」行為し得るが，その際，道徳的洞察以外の意図および動機に従うことが可能である．人間は(2)「義務に基づいて」すなわち道徳的要求への洞察に基づいて行為し得るが，その際，

同時に他の動機に従うことも可能である．人間は(3)「義務に基づいてのみ」すなわちもっぱら道徳的に命じられていることへの洞察に基づいてのみ，義務それ自身を目的として行為することができる．カントによれば第3のケースにおいてのみわれわれは道徳的に振る舞っていることになる．

　道徳が妥当性を持つための，また道徳の道徳性（または「道徳的正当性」）を根拠付けるための最上原理は，カントによればわれわれの中で働いている実践理性であり，実践理性は自分自身にのみ基づいて「純粋」な立場から，われわれにとって振る舞いの道徳法則は何であるかを告げる．実践理性は道徳的観点から見て何を為すべきかを認識し，これをまさに法則の形式において定式化する．実践理性は「自己立法」の形をとって働くため，「自－律」の概念を満たす．実践理性の自律に対応しているのはわれわれの自由な意志であり，この意志は，道徳的立法を行う自律的実践理性の声にのみ耳を傾けることによって自由を保持する．定言命法はこの実践理性の自律および自由意志から区別されなければならない．定言命法を定式化するのは実践理性であり，それによってわれわれは，振る舞いにおいてさまざまな実践的挑戦に直面した際，われわれの行おうとすることが道徳的に正当であるか否か，すなわちそれが実際に純粋実践理性が命じることのみを意欲するわれわれの意志に適合しているのか否かを吟味することが可能となる．

　カントにおいて定言命法はさまざまな定式を持つが，いずれもそれぞれの仕方で，われわれの主観的な行為格率を振る舞いのさまざまな文脈において道徳性に照らし合わせて吟味するという課題を果たす．カントの倫理学モデルにおいては2つの定式が今日の体系的倫理学にとって基本的かつ先駆的である．それは(1)われわれは同時に「普遍的立法の原理として妥当し得る」格率に従ってのみ行為すべきであるという定式であり，また(2)われわれは自身の振る舞いにおいて他の人を自身の目的のための単なる手段とすることがあってはならないという定式である．カントにおいては第2の洞察から，最上の道徳原理として人間の尊厳の無条件の尊重という普遍的原則が，また〔最上の〕法原理として各人の自由という人権の要求が導き出される．

　「もっぱら義務のみを目的とする」とされる道徳的振る舞いの規定におけるカントの厳格主義，および倫理学モデルの基礎付けにおける彼の方法的唯我論は，正当にも，彼の倫理学モデルを拡張しさらには変更することを検討するきっかけを与えた．このことと比較するなら，とりわけより古い世代がカント倫理学を「空虚な『為すべし』」「抽象的な形式主義」と非難したことは的を射ていないか，または彼の文献そのものをより詳細に検討することによってすでに反駁

されている．

2.4 討議倫理学

　討議倫理学に共通する上位概念のもとには，現代哲学における倫理学を基礎付けるさまざまなアプローチが集結しており，その中には「コミュニケーション的行為」に基盤を持つ公共的理性の観念を基礎付けるために，理論哲学の領域に由来し受容されている想定もある．討議倫理学の有力な論考は，1970年代の半ば以来，フランクフルト大学でしばらくの間〔ハーバーマス（再）着任の1983年からアーペル退任の1990年まで〕ともに教鞭をとっていた**ユルゲン・ハーバーマス**ならびに**カール＝オットー・アーペル**および彼らの弟子たちによって提出された．討議倫理学に関する諸論考において共通しているのは自然主義的還元主義への批判である．この立場は啓蒙されていない方法的客観主義に基づいて，規範の当為としての妥当性を理解せず，実践理性の洞察が要求することを当該洞察の有する自然的前提諸条件（あるいはその自然的先行諸条件）へと還元する．この自然主義への批判に対応して，討議倫理学を提唱する人びとは，自然主義以外の道徳理論，とりわけ道徳的振る舞いの正当性という根本問題を，存在論的論究によって隈なく取り替えようとする道徳理論の諸提言をも退ける．彼らはまた，アリストテレスに結び付く倫理学モデル，たとえば解釈学的手続きを取る20世紀の新アリストテレス主義および功利主義への批判を共有しており，これらは倫理学の探求する規範的なものの観点を見誤ると同時に，理性観念の扱いも不十分であるとしている．

　アーペルとハーバーマスそれぞれの諸論考には，討議倫理学を仕上げる際にいくつかの決定的な相違点があり，ここでは詳述することはできないものの，この相違点は両者の議論が進むにつれてますます顕著となってきた．この違いにおいては，討議理論の基盤に第一義的に備わる異なる想定が反映されており，アーペルの場合それは**超越論的語用論**に関する彼の理解およびその最終的根拠付けへの要求に関わり，これに対しハーバーマスは討議的構成を持つ理性のコンセプトに関しても原則的可謬性（原則的な論駁可能性）を出発点としている．

討議理論の両ヴァリエーションをここでその相違にわたり十分に評価することはできないため，ここでは討議倫理学の関心事を全体としてモデル化することとしたい．

アーペルとハーバーマスは討議倫理学の根拠付けにあたって，哲学において確証された「再帰的手続き rekursives Verfahren」を用いて，認識および行為の基本原理への洞察を明らかにしようとしている．たとえば**チャールズ・S. パース**（Charles Sanders Peirce, 1839-1914），**ルートヴィヒ・ヴィトゲンシュタイン**または**ジョン・オースティン**（John Langshaw Austin, 1911-1960）らの哲学的洞察を出発点として，彼らは論議という言語実践において，論議的態度を取る限り誰も否定しようのない人間理性の基本構造を確認する．そこでハーバーマスは『コミュニケーション的行為の理論』において，アリストテレスに遡る実践哲学（2.1参照）の基本概念である目的志向的行為・努力の概念の代わりに「了解志向的行為」というより広範な概念を用いるべきであると主張する．アーペルが，またハーバーマスも「超越論的語用論的」と称する分析において示されるところによれば，生活世界の特殊な条件のもとで行為する人は誰でもすでに他の人びととともに「コミュニケーション的日常実践」に参加しているのであり，それゆえ必然的に他の行為主体とともに，事実を確定する言明を介してであれ，行為目的，価値，選好，道徳規範といった実践的問いに関する言明を介してであれ，とにかく「世界における何ごとかについて」了解している．討議倫理学を提唱する人びとはこのような考察に基づいて，理論的懐疑論者や道徳的相対主義者たちといえども疑うことのできない結論を導き出す．それは，いかなる社会文化的生活様式もいかなる行為世界も「論議という手段によってコミュニケーション的行為を継続することを少なくとも暗黙のうちに目指していないものはない」ということである（ハーバーマス「討議倫理学——根拠付けプログラムのためのノート」，『道徳意識とコミュニケーション的行為』所収，フランクフルト・アム・マイン，1983年，110頁）．

このように論議が社会的行為の世界を構成する要素としての役割を果たしていることを指摘することで，正当な振る舞いに関する道徳的問いをめぐる倫理学的討議を根拠付けるための理論的基礎が打ち立てられたことになる．そこで一般的に言えば，討議はハーバーマスが行為理論の文脈で導入した社会状況で

あり，その中では行為者自身が言明の妥当要求に対して賛成または反対の論議を交わしまた吟味することができ，そうすることで「よりよい論議」への洞察に照らし合わせて理性的決定を下すことができるようになる．道徳的に正当な振る舞いおよびその振る舞いの原理への問いに対してこの役割を引き受けるのが「倫理的討議」である．

こうして，倫理的反省を行う行為者たちによる，間主観的構成を備え，論議の手続きを踏まえた討議のモデルが，自身の意欲および行為格率を倫理的に吟味するカントの「孤独な」主体に代わって登場することになる．討議の課題は，道徳規範をめぐる論争に参加する討議のパートナーたちを前にして「命令および行為規範の当為としての妥当性」（同）を吟味することである．カントは道徳性の原理を根拠付け，かつ最上の道徳原理〔実践理性の自律・自己立法の原理〕を道徳原理の吟味規則〔定言命法〕から区別したが（2.3参照），ちょうどそれと類比的に，討議倫理学を提唱する人びとは2つの原則または原理を区別する．すなわち(1)「超越論的語用論的原則；D」および(2)「普遍化原則；U」である．

「D」原則はいわば倫理的討議の基本的かつ最上の第一原理である．この原理によれば「実践的討議の参加者としての当事者の同意を得る（または得ることが可能である）規範のみが妥当要求をなし得る」（同，103頁）．道徳規範の妥当性を倫理学的に根拠付けるためのこの第一原理から——ちょうどカントが定言命法を実践理性の自律または自己立法の原理から導き出したのと類比的に——拘束力のある手続き規則が帰結し，これをハーバーマスはその課題に即して「普遍化原則；U」と称するのである．この原則によれば，論争の的となっている規範は「当該規範を誰もが遵守することから各人の関心の満足に対して生じることが予想される帰結および副次作用を万人が強制なくして受け入れることが可能である場合においてのみ，実践的討議の参加者のもとで同意を得ることが可能である」（同）．この提言においてこそ，アーペルとハーバーマスが提唱する討議倫理学コンセプトの核心部がある．その際両者の提言の相違も明らかとなるが，ここではそれは直接の関心の対象ではない．さしあたり，討議倫理学モデルの理解を深めるために，「D」および「U」それぞれの原則の意味するところを，実践理性の自律の原理と，定言命法の形をとる吟味原則との間の，カ

ントにおいて倫理学の根拠付けを構成する区別と比較する観点から考察してみよう．

　すでに確認したように，討議倫理学の中心をなす原則「D」は，カントにおける倫理学の根拠付けモデルにおいて実践理性の自律原理に相当する場所を占める．カントにおいて実践理性の機能として挙げられたのは道徳的自己立法という課題であり，また自己立法によってのみ自身の道徳的自由を保持するよう，人間の意志を拘束することであった（2.3参照）．自律原理を彫琢する際，カントは行為規範の道徳的正当性への実践理性の洞察がわれわれの意志を隈なく規定するよう，われわれの意志を拘束することを要求した．こうして理性的な道徳的当為の客観的法則がわれわれの意欲の主観的格率とならねばならない．このことによってカントは実践理性を単に，道徳的当為を合理的に知らせる洞察の能力，機関または媒体として規定し，この洞察を人間の意志は十分に受け入れなければならないとしたにとどまらず，実践理性を道徳的当為の倫理学的に証明された妥当根拠としても規定した．というのは，われわれの実践理性は為すべきことを単に認識するだけではなく，為すべきことを認識することによってこれを命じ，これをわれわれの為すべきこととして確定するからである．この理由から，カントはもっぱら実践理性によってのみ規定された意志を道徳的意味における「善意志」とも称し，道徳的に正当なものという意味においてはこれ以上に善いものは考えることさえできないとした．

　討議倫理学においては，カントの提唱したわれわれ各人に備わる実践理性に代えて，討議的構成を持ち，間主観的手続きを取る，論議を行う人びとから成る対話共同体の（仮想的）参加者の理性が登場する．この人びとが共通の論議規則に即して，互いに振る舞いの規則に関して意見を交わすということになる．道徳的に正当なものの認識を探求する際，最上原理であるとされるのは原則「D」であり，この原則は規範の道徳的妥当性を，実践的・倫理的討議に参加する当事者同士の合意に依拠すると見なす．一方，原則「U」は，この合意が手続き上いかにして生じ得るか，またその際いかなる基準が合意に対して決定的であるか，ということを内容として扱う．

　討議倫理学における原則「D」をカントにおける実践理性の最上原理〔自律・自己立法〕と体系的に比較するために重要であるのは，討議参加者の同意が示

すのは，規範が当為として妥当することをあらかじめ洞察していることに依拠する，討議参加者各自の意志作用であるという点である．意志に基づく自由な同意に対しては，一方では理性的洞察が先行するが，この同意に続いて他方では，参加者各々がみずから承認した規範に従って行為を方向付けるという自己義務付けが生じる．他者理解と自己理解，論議において提示された根拠への洞察およびその根拠の吟味，規範の当為としての妥当性の認識，および自己義務付けは，原則「D」における同意の概念によって描き出される，手続き的に示される複雑な全体構造に組み込まれている．だがこの過程において働いている間主観的構造をもつ理性は，討議の参加者各々に不可欠のものとして備わっているのであって，独立し自律的な実体とされるものではないし，いわんやヘーゲル哲学において想定されている人倫Sittlichkeitや万人の共有し得る共同的理性といった「超主観的」理性とされるものでもない．フィヒテであれヘーゲルであれ，ドイツ観念論に見られるこのような抽象化は討議倫理学には縁遠いものである．洞察および同意，認識，および自己義務付けの主体は，生と行為の世界のその都度の偶然的状況に身を置く各々の経験的主体以外のものではない．この経験的主体が規範的妥当性の根拠へのみずから得た洞察に基づいて，論争の的となっている規範に同意することによって，この主体は行為において他人にとって代わられることなく，自分自身を義務付ける．このようにして初めて，道徳的行為規範の「正当化」という倫理学的プログラムを考えることができる．だがここで同時に確認しておかなければならないのは，この同意はカントが理性の自律の観念において念頭に置いていたような「基礎付け」または「根拠付け」とは混同されてはならないということである．というのはカントにおいて理性は，道徳法則の認識手段であると同時に「妥当根拠」でもあったからである．討議倫理学においては，規範の妥当性が倫理的討議の各々の参加者によって間主観的に承認され，規範が「正当化」されるという点に重点が置かれ，規範の妥当性が「根拠付け」られるのではない．

　このことに対応して，ハーバーマスの討議倫理学においては道徳規範または行為規則の，アーペルが要求しているような討議における最終根拠付けの理念は提唱されず，道徳的規範または行為規則の当為としての妥当性への，既存の，しかし同時に論争の余地のある要求の正当化というより控えめなプログラムが

提唱されるにとどまる．討議参加者がそれぞれ同意し，結果的に全員が一致して正当化するということは，実際に生じるのでなければならない．原則「D」が付け加えるところによれば，少なくとも，規範または行為規則の当事者となる可能性のある人びととはすべて，実際に同意することが「可能である」ということが確証されているのでなければならない．このようにしてハーバーマスは，実際に同意しなければならないという最初に定式化された厳密な基準を修正しかつ緩和し，これを一種の「統制的理念」へと弱めている．このことによって討議倫理学は，あらゆる倫理的討議共同体において事実上不可避である制約に対し，実践において配慮することが少なくとも潜在的には可能となる．

　この修正によって討議倫理学の要求は緩和され，討議倫理学の原則「D」の根底には「事実に反する」が同時に「必然的な」，つまり遡及不可能かつ普遍的な理性理念が備わると主張されることになった．それにもかかわらず，この修正に関し以下のことが確認されなければならない．つまり，あらゆる当事者の普遍的同意に由来すべきであるがゆえに普遍的に妥当すべきであると考えられている規範は，現実にはつねに特殊な形態においてのみ想定され得るのである以上，実際には要求と現実との間に分裂が存在するのである．この分裂は，現在から将来の世代にかけてすべての人間に関与する道徳規範のケースにおいてますます深まる．このようなケースでは，現存する討議参加者たちが代表者の役割を引き受けるが，そうする資格があることを証明されているわけではない．ここから明らかとなるのは，討議倫理学が規範の普遍妥当要求を——各々の討議共同体を超えて——理性の無条件の要求であると想定しており，この要求の拘束力を，実際に同意した人のみが拘束される私的契約の場合と同様の仕方で考えているのではない，ということである．だがこのことを認めるとしても，「代表すること」をいかに正当化するかという問題は残る．それは将来のある時点で規範に同意するはずの人びとに関する問題であるというよりはむしろ——いかなる理由からであれ——討議共同体の主体として登場することが不可能である人びとに関する問題である．これらの人びとが原則「D」の要求に即して自身による洞察に基づいて規範に「同意し得る」ということを，われわれがどのようにすれば考えることができるのかは明らかではない．これらの人びとは他の人びとを継続的に代理人としなければならない．

いずれにせよこのことは討議倫理学の原則「D」の拡張を容認するだけではなく，規範の当為としての妥当性の問題は思考実験に依拠してのみ解決可能であるということさえ要求している．この思考実験は，見通し得る数の討議参加者を想定し得るのでなければならないこと，および原則上すべての人びとに関わる規範に，すべての不在の人びとが原理上同意し得るのでなければならないこと，この２点に存する．だがこのことによって討議倫理学は明らかに，カントの定言命法理解にふたたび接近することになる．というのは，カントは思考上の吟味を通じて格率の普遍化可能性をテストすることをわれわれに要求しているからである．ここでは実在する討議共同体を元にして，討議参加者の頭脳において想像された集合体が作られていると言える．

すでに述べたように，討議倫理学の最上原理である原則「D」からは，普遍化原則「U」と称される手続き規範が導出される．原則「U」の課題は，討議倫理学の最上原則〔「D」〕すなわち規範の道徳的当為の最上の「根拠付け」ならぬ討議による「正当化」の原理を，討議における規範吟味の個別ケースに適用可能とすることにある．まさにこの機能において，原則「U」はカントの定言命法に厳密に対応する．普遍化原則はその名称からしてすでに，定言命法の複数の定式の中から普遍化の定式のモチーフを受け継いでいる．原則「U」のさらなる機能は，そもそも倫理的討議において明確にし，扱うことが可能であるのはいかなる問題であるかをこの原則が解明している点にある．これはハーバーマスにとっては，そもそもいかなる問題が倫理的討議において受け入れられ，いかなる問題がそこから除外されるべきであるか，ということを意味する．この考えをハーバーマスは次のように明確に示している．

> 普遍化原則の機能は，「善」と「正義」，評価的言明と厳密に規範的な言明との間を切り分けるナイフに比することができる．文化的諸価値はたしかに間主観的妥当要求を伴うが，それらは特殊な生活様式の全体と密接に結び付いているため，そもそも厳密な意味での規範的妥当性を要求することができない．それらはせいぜい，一般的関心を獲得する規範を具体化する可能性を持つに過ぎない（同，113頁および次頁）．

このように述べることで，ハーバーマスはすでに原則「D」の定式において主

張されていたことを明確にしている．そこではすでに，倫理的討議の課題は「規範」の吟味に他ならないということが示されているからである．ハーバーマスがここで，倫理的討議によって吟味すべき規範のもとで厳密に何を理解しているのかを「U」は明確にしている．それは彼にとっては——可能性としてであるか現実としてであるかを問わず——すべての人びとに関与する当為規則または義務付けに限られる．道徳的振る舞いまたは「正しい生」をめぐる他のあらゆる問題は，ハーバーマスによれば主観的選好，すなわち特殊な道徳的生活様式の一部を成すものとして少数の人びとまたは集団，さらにはより広範な共同体に該当することはあっても，「すべての」人びとに該当するわけではない価値に関わる．これに対し，すべての人びとに関与する道徳的要求または義務のみが討議倫理学的反省において容認されることになるが，それはハーバーマスによれば，これらに対してのみ普遍化原則「U」を基準として合理的な回答を期待することができるからである．

　ハーバーマス自身が記しているように，このことによって彼が単に主観的な価値評価の問題，または道徳的・人倫的な選好の問題を倫理学的討議から除外していることは明白である．これに対し，ハーバーマスがここでカントに依拠していると言えるかどうかは，『人倫の形而上学』において詳述された道徳哲学が倫理学理論に対して善の実質的問題への道を開いているということからも（2.3参照），必ずしも明白ではない．ハーバーマスの提唱する討議倫理学は，アーペルの討議倫理学構想とは異なり，応用倫理学の特殊な部分を指向するものではないため，アリストテレスの倫理学モデルが扱った善き生への問い，および行為の遂行に際しての倫理的徳への問いを，討議倫理学においては結論を出すことができないとして除外するにとどまらず，偶然的な個別状況における道徳的に正当なものの問題，すなわち道徳的に可能なもの，容認されるもの，禁止されてはいないものへの問いをも除外することになる．こうした問いは，個別ケースにおいて適切なもの，たとえば所与の状況下で道徳的により善いもの，道徳的経験に照らして推奨に値するもの，信頼できるもの，等への問いに見られるように，道徳的に重要な諸問題の広範かつ多様な諸側面に関わっている．これら道徳的に決定的な重要性を有する問いを倫理学の管轄から除外するということは，道徳的振る舞いにとって重要な問いは討議倫理学の原則「D」およ

び「U」を基準とした場合には定義上，解決することができないということから帰結せざるを得ない．だが従来十分な根拠により哲学的倫理学によって扱われてきた問いをそこから除外するということは，そもそも信憑性を欠いているように思われる（本書のとりわけ3.5を参照）．

　普遍化原則「U」から生じる討議倫理学のさらなる特異な点で，とりわけカントによる倫理学の根拠付けと比較した場合に目に留まるのは，関心の概念への言及である．討議の参加者が規範に賛同すべきか拒否すべきかを吟味するために用いる基準をより詳細に規定するために，原則「U」は，議論の的となっている規範をその要求通りに誰もが遵守した場合に，各人の「関心」を満足させることに対してもたらされることとなる「帰結および副次作用」に言及する．この箇所を善意で解釈した場合，この定式化によってすべての討議参加者の特殊な関心を最小の共通要素へ切り詰めることが意図されているということ（すなわち現代の自由主義理論において見られるような，政治的妥結のモデルとしての，私人の偶然的または任意の関心の「重なり合う合意 overlapping consensus」）は除外されるとしても，このように共通の関心または「普遍的関心」が討議倫理学の文脈において言及されることは幾分驚きを与える．というのは，討議において道徳規範が当事者の普遍的関心に含まれるか否かが吟味されるべきであるとするならば，道徳規範は態度，行為，意図および行為計画において評価されることとなるが，これらは本来，討議の中には含まれないと考えられている点が討議倫理学の特徴だからである．「関心（Inter-esse）」（〔当該概念のラテン語語源から〕字義どおりには社会的「間－存在」Zwischen-sein）に言及することによって念頭に置かれているのは，われわれ自身の関心への見方が討議において今一度変化するということを想定することが許されるような場合においても，討議を超えた領域，すなわち社会的空間の行為世界においてわれわれがどのような位置を占めているか，ということである．だが討議参加者の「関心」が討議において行われることになる道徳規範の吟味のための判断基準を用意すべきであるとするならば，用語法においてではなく事柄そのものにおいて，アリストテレスの正義理念が「共通善（bonum commune）」に依拠していたことを思い出させる提言にわれわれは直面することになる．このことが驚きを与えるのは，「関心」の領域にはまぎれもなく規範以前の偶然性の要素が関与しており，この要素はカントの純粋実

践理性の原理というよりはむしろアリストテレスの善の観念またはヘーゲルの人倫の観念を思い出させるからである．

　ハーバーマスが規範への同意を吟味するための基準を，当該規範がすべての人びとの関心の満足に対してもたらす帰結によって根拠付けているとするならば，彼は第1に，規範の当事者全員，すなわち潜在的には万人の担う普遍的関心が実際に存在すること，そして第2に，この普遍的関心に照らして討議参加者が規範に同意するための基準が合理的に承認され得るということを主張していることになる．だがここで問わねばならないのは，倫理的判断の他律が危惧されはしないか，ということである．私の考えでは，他律の恐れを回避し得るのは，議論において道徳的または人間的意味での「普遍的関心」に言及することが許されるとしても，このことが「思考実験」に過ぎず，それが説得力を持つためには倫理的討議そのものにおいて今一度，この普遍的関心の道徳的正統性が吟味されなければならないということを認める余地が，討議倫理学において存在する場合においてのみである．だがこの点に関し普遍化原則「U」は何も述べてはいない．

　ここで最後に，倫理学の根拠付けにおける討議理論モデルとカントのモデルとの比較の観点から，倫理的討議において倫理的に反省するだけでなく同時に規範の当為要求の向けられる当事者でもある個別主体の果たす役割について論じておくべきであろう．討議理論を提唱する人びとが明白な根拠をもって示してきたことは，われわれすべてに備わり，つねにすでに働いている理性の観念は，カントのモデルと比較して拡張されなければならないということ，すなわち，この理性の観念は言語的・討議的手続きを経，歴史上さまざまな性質を帯びた文化的・社会的世界に統合され，かつ言語行為論の分析において示されているように，特殊な行為の遂行を経て初めてわれわれが用いることのできる能力として捉えられなければならない，ということである．

　それにもかかわらず，コミュニケーション的理性の担い手として，また討議の参加者として倫理的論議を行い，反省し，その過程の最後に特定の規範に同意するかまたはこれを拒否するかのいずれかを選ぶのは，具体的な各々の人びとであることに変わりはない．規範が向けられている者として自己の振る舞いに対する自己義務付けを引き受けるのはこれらの人びとである．このことは普

遍化原則「U」によって確証されてもいる．したがって，間主観的理性によって得られた規範の洞察，承認および同意は，依然として道徳的行為の主体に関連付けられており，この主体は他の人びととの間での言語的・社会的相互行為に際して，理性，道徳的洞察および行為の個人的意図の唯一の担い手としての主体間における地位を失うことはない．むしろ逆に，他のあらゆる人びとに対して占める，論議する主体としての，道徳的洞察および根拠を提示する「制限なき論議共同体」（アーペル）の構成員としての，さらに行為において同時に責任を引き受ける道徳的人格としての代替不可能な役割においてこそ，道徳的行為の主体は際立ったものとして現われる．カントの場合とは異なり，道徳的問いを立て，倫理的に反省する討議倫理学の主体は，つねに個人としての顔とかけがえのない個人史を有している．討議倫理学においては規範の正当化は，論証手続きの過程で理性に導かれる間主観的 intersubjektiv プロセスの結果としての合理的同意を通じて行われる．これは，カント的な主観内の innersubjektiv 格率吟味の考え方よりも首尾よく進められると言ってよい．

　討議倫理学のこれらの洞察によってさらに考察を進めたならば，最上の討議原則「D」が可能な倫理的正当化の基本要素として提案する，規範への同意という行為もまた，重層的プロセスとして理解すべきであることが明らかとなる．これは単に，事実上のまたは少なくとも可能であると考えられそのようなものとして要求された，規範への同意という行為には，討議内部での論証的吟味という複雑なプロセスが先行するということを意味するだけではなく，討議倫理的吟味そのものにさらなる別の洞察および同意が先行していなければならないということをも意味する．これはつまり，多元的特徴を有する道徳的生活世界における，論議の的となっている規範はそもそも，討議の外部での主体間の議論において当該規範の道徳的正統性の要求に関して吟味されなければならないということである．この洞察があって初めて，倫理的討議に足を踏み入れることを余儀なくされるのである．だがこの洞察は当事者の同意をすでに前提としており，われわれがこの洞察を当てにすることが許されるのは，生活世界の行為者が（少なくとも当初は）道徳的行為を望むのであれば，他のすべての人びとに対して，また自分自身に対して，道徳的に正当な仕方で振る舞うべきであるという自分自身の要求を自覚的に正当化しなければならないということを，わ

れわれは想定することができるからである．この規範的義務付けを伴う洞察は，いわばわれわれの道徳的生活世界の一部を成しており，ハーバーマスおよびアーペルによればこれは，われわれの振る舞いそのものに備わる了解を志向する構造に由来する．この最初の規範的洞察は，倫理的討議において探求される，特定の規範への同意につながる根拠への洞察から区別されなければならない．

　道徳的世界において論争の的となっている規範を合理的に正当化するために，他の人びととの倫理的討議にわれわれが参加することを要求されるということには，道徳的義務，それ以上遡ることのできない必然的規範としての地位が備わっている．この義務・規範を軽視すれば必ず実践的自己矛盾に陥ることとなる．このことを討議倫理学は正当にも指摘している．ここでは，強制力を備えた（無謬的な）実践的必然性または当為要求が問われている．

　一方，倫理的討議においてわれわれの探求する，道徳的に命じられていることへの洞察については事情が異なる．この洞察は規範的拘束性を要求するにもかかわらず，とりわけ「普遍的関心」を主張することに関して原則上，可謬的洞察としての性格を伴う．倫理的討議においては「万人にとって同様に善いもの」に言及することは避けられないが，この言及によっても，討議共同体におけるあらゆる同意が事実上どうしても特殊なものとなることと，討議共同体の追求する普遍的同意との間を疑念なく架橋することはできない．討議原理そのものの無謬性と倫理的討議の帰結の可謬性というこの二重構造においては，自身の行為の道徳性に配慮する各人の道徳的「良心」の二重構造が反映されている．すでに見たように，倫理的討議の参加者として討議倫理学が前提としているのは，まさにこの生身の諸個人，すなわち道徳的洞察において最終的に自身の理性および自身の実践知（さらには個人的「良心」）に依拠しなければならない個々の人間である．このことは良心概念の二重の意味において生じる．すなわち各人は，(1) 原則において道徳的「善」「悪」，「正」「不正」の区別を認識させる，各人の道徳的判断能力一般（synderesis の能力）に依拠することになる．また各人は，(2) 具体的状況に関して実践理性の能力が下す個々の判断（conscientia の判断）に依拠することになる．良心に基づく個々の判断においてわれわれは誤る可能性があるが，同時に良心の洞察はいずれもわれわれの振る舞いを拘束し，良心の洞察に反して行動することのないよう，無条件に命じら

れている．さらに言えば，他の人びとを強制して良心の洞察に従わせることはできない．というのは，原則に基づいて「善」「悪」，「正」「不正」の道徳的相違を認識させ，この意味において実践上無謬的な仕方で，われわれは道徳的に行為する存在者としてこの洞察に従って行為すべきであると教示するのは，われわれ自身に備わる実践理性の能力だからである（この点に関する詳細についてはルドガー・ホネフェルダーによる分析を参照されたい）．

練習問題

1. 自身の道徳性を反省する（カント的）行為主体に倫理的討議が取って代わるべきだとする討議倫理学の要求の意味するところは何であろうか．
2. カント倫理学における最上原理を，討議倫理学における最上原理と比較してみよう．
3. 討議倫理学モデルの長所と短所を挙げてみよう．

---

❼ 討議倫理学

　討議理論はカント哲学に批判的に取り組み，とりわけ超越論哲学の枠組みにおける理性理論の根拠付けを非難する．その批判対象の中心を成すのはカントの「方法的唯我論」であり，また理性の媒体としての言語の考察が欠けていたという点である．プラグマティズム，ヴィトゲンシュタインの言語哲学，さらには言語行為論に依拠しつつ，討議理論は「超越論的語用論」（アーペル）または「コミュニケーション的行為の理論」（ハーバーマス）といった包括的プログラムを展開する．

　アーペルとハーバーマスの哲学的アプローチにはそれぞれ違いがあるとはいえ，討議理論はその理論的前提によって，討議倫理学のモデルが倫理学の根拠付けに対して体系的寄与を為し得るとする．これはカント超越論哲学への理論的批判を倫理学の根拠付けへと拡張し，なおかつカントの義務論的倫理学の正当な洞察を継承するものである．討議倫理学をカントの倫理学モデルと肯定的に結び付けているこの動機には，規範の当為としての妥当性の意義への中心理解，および道徳規範，規則，行為格率を理性的に根拠付ける可能性および必然性への洞察が含まれる．この可能性および必然性の規範的基礎がわれわれの日

常実践のコミュニケーション的構造に備わるというのが，討議倫理学の立場である．

討議倫理学において倫理的討議は，主体間で行われる道徳規範の論証的吟味の外的形式である．社会における道徳規範の妥当性が，いかなる根拠によるのであれ，危機に陥っていることを背景として，同等の権限をもって互いに議論するパートナー同士の倫理的討議が，自分自身の行為格率を倫理学的・批判的に反省するカント的個別主体に取って替わる．これに対応して，超越論的・語用論的原則「D」が道徳的洞察を根拠付けるための最上原理としての機能を引き受ける．この洞察はカントにおいては自律原理が認識するものとされていた．これに対し，普遍化原則「U」はカントの定言命法が占めていた役割を引き受ける．

道徳的洞察の吟味の主体が（自己）反省を行う個別主体から間主観的構成を持つ討議共同体へと転換することは，倫理学の課題における一連の特徴的な変化へとつながる．カントは実践理性に根拠付けおよび立法という二重の課題を課したのに対し，倫理的討議は道徳規範の吟味および正当化というより控え目な課題を果たすにとどまる．討議的理性は命じることはないものの，倫理的討議の参加者が，ある規範の当為としての妥当性に賛成または反対する根拠を述べる枠組みの中で，論議を通じて同意に至った場合には実際に同時に自己の振る舞いにおいて実践的義務付けを行うものと想定している．だが実際にその通りとなるかどうかは，討議倫理学自身が影響を与え得るところではない．

別の問題は，普遍的道徳規範の当為としての妥当性を根拠付けるという倫理的討議の要求と，道徳規範の妥当要求をもっぱら少数の討議パートナーとともに吟味することができるに過ぎない現実の状況との間の分断から生じる．要求と現実とを合致させるためにさまざまな提案がなされているが（たとえば「代表」の理念や普遍化可能性の「シミュレーション」），それらは討議倫理学のモデルをふたたび，定言命法を介した行為格率の吟味というカントの構想に接近させている．

善の問題を正義の問題から区別するにとどまらず，これらを根本的に分離するという提言によって，討議倫理学はより大きな問題に直面することが明らかとなる．というのは，無条件かつ各人につねに〔遵守を〕要求する道徳の問題として答えることのできない問題をすべて倫理学の管轄から除外することによって，討議倫理学のモデルは哲学的倫理学の認識領域および課題領域における重要な諸問題——人間の行為の「道徳性」（または「道徳的正当性」）への問い——に対し，普遍的かつ合理的な根拠付けの要求をなし得る回答を得られない

ままとするからである.

　さらに別の問題は，規範が正当化され得るのは「普遍的関心」に合致する場合においてのみである，とする普遍化原則「U」における提言から生じる．道徳的に正当なものの基準を関心の領域に結び付けることによって，規範の当為としての妥当性を討議倫理学において吟味する際に義務遵守の帰結が問われており，これは（カントの言葉を借りるなら）道徳の最上原理である実践理性の自律という原理が損ねられ，行為規則の道徳性を判定する際に他律的観点が容認されるという危険に，討議倫理学モデルを直面させる．

　討議倫理学は理性の担い手にして道徳規範の吟味主体である個人の役割を堅持することによって，規範への同意のプロセスを合理的吟味および合理的同意に二重化されたプロセスとして理解することを可能にしている．すなわち(1)討議そのものに加わることへの同意，および(2)討議における同意，である．

　第1の同意のみが倫理的に無条件の必然性を持ち，ある種の実践的無謬性を要求し得る．これに対し，第2の同意はつねに暫定的であり，条件付の必然性を持ちつねに可謬的な洞察に到達し得るにとどまる．これら2つの実践的確実性は，構造上各人の良心における道徳的吟味と合致するだけではなく，討議倫理学のモデルを別の仕方で道徳哲学的に再考し，上に述べたような問題が生じるのを避けることを可能にする．

訳注
1）　次のような箇所を参照．「〔…〕実践的な知性認識（ディアノイア）は，実に，制作（ポイエーティケー）というはたらきをも支配する位置にある．なぜかというに，あらゆる制作者は何ものかのために作る．すなわち，われわれの制作するところのものは無条件的な意味における目的ではない．（かえってそれは何ごとかへの関係においての，また何者かにとっての〔相対的な〕目的たるにすぎない．）これに対してわれわれの実践（プラクシス）の成就するところのものは，目的そのものたる位置にある．すなわち，「立派にやるということ」（エウプラクシア）が目的なのであり，欲求（オレクシス）の目指すところもまさしくここに存する．」アリストテレス『ニコマコス倫理学（上）』岩波文庫，第6巻，1139b．「〔〔倫理学において扱われる知性的徳である（ディアノエーティケー・アレテー）〕知慮〔思慮〕（プロネーシス）は学〔学知〕（エピステーメー）たりえず，それはまた技術でもない．学でないというのは，行為は「それ以外の仕方においてあることの可能なもの」なのだからであり，技術（プラクシス）でないというのは，実践と制作とは類を異にするものなのによる．してみれば結局，知慮〔思慮〕（プロネーシス）とは「人間にとっての諸般の善と悪に関しての，ことわりを具えて真を失わない実践可能の状態（ヘクシス）」であるよりほかにない．／（事実，制作の場合にはその目的とするところが制作ということ自身とは別に存しているのに対して，実践の場合にはこうしたことはありえない．そこで，「よくやること」（エウプラクシア）それ自身が目的なのである．）」『ニコマコス倫理学（上）』第6巻，1140a-b．また，『エウデモス倫理学』の中の，（プラトンが対話篇で描き出す）ソクラテスの「徳＝知」という倫理説に対する

批判を展開する以下のような箇所を参照.「かくて, 老ソクラテスは, 徳を認識することが（自分の仕事の）目的であると考えていたのであり, そこで彼は, 正義とは何であるか, またその他の徳の諸部分についても, それぞれが何であるかを探求していたのである.〔中略〕というのは, 徳はどれもすべて知識であり, したがって, 正義が何であるかを知ることと, 正しい人であることとは, 同時に結果するのだというのが, 彼の考えだったからである.〔中略〕しかし,〔彼は〕徳はどのようにして生ずるか, また何から生ずるか, という点は探求しなかったのである.〔中略；天文学, 自然学, 幾何学といった「観ること」を旨とする理論的な学において認識そのものが目的となるのとは異なり〕少なくとも徳に関しては, それが何であるかを知ることが最も大切なのではなくて, 徳は何から生ずるかを認識することこそ, 最も大切なことなのである. というのは, われわれが望んでいるのは, 勇気とは何であるかを知ることではなくて, 勇気のある人になることであり, また, 正義とは何であるかを知ることではなくて, 正しい人になることだからである.」世界の名著『アリストテレス』中央公論社, 519-520頁.

2) アリストテレスは『ニコマコス倫理学』第1巻において,「善そのもの」（善のイデア）の認識が個々の実践的学芸において探究される各々の「善」と結び付いていないこと, および「人間の行うべき善」「獲得すべき善」がこうした超越的なイデアとは異なることを指摘している (1096b-1097a).

3) 能力心理学 (Vermögenspsychologie, faculty psychology) はプラトンおよびアリストテレスに始まるとされる, 人間の心的能力を独立した基本的諸力に分析してそれらの活動および相互作用を解明しようとする学説である. 近代ではクリスティアン・ヴォルフ (Christian Wolf, 1679-1754) がライプニッツのモナドロジーの影響下, 心的能力を認識能力と欲求能力とに分けた. カントもまたこの区分に従っている.

4) 『人倫の形而上学の基礎付け』においてカントは, 普遍化可能性原則および「自然法則」原則について, それぞれ自己に対する／他の人に対する, 完全義務／不完全義務の観点から, 格率の実例に即して検討を加えている.

5) 「再帰的手続き」の例として, 数学や計算機科学における「再帰的定義 recursive definition」がある. これは定義すべき関数や数値を, すでに定義されている関数や数値を参照することによって定義することである. たとえば「階乗」（「n!」；1からnまでのすべての整数の積）は, 次のように定義することができる.「n = 0のとき, n! = 1とする. またn!が分かっているとき, (n + 1)! = (n + 1) × n! とする.」このとき, 後の方で (n + 1)! を定義する際にn!を用いており,「階乗」の定義の中に「階乗」の定義そのものが部分的に含まれている. このような定義のことを「再帰的定義」と呼ぶのである. ここで討議倫理学において再帰的手続きが用いられているというのは, 討議において用いられるルールが, 人が討議を行い相互に了解しているという実践的事実そのものを前提としてそれを参照しつつ規定されているという意味であろう.

6) ジョン・ロールズの『政治的リベラリズム』(1993年) で用いられた概念. 宗教的および世俗的（啓蒙的）な「包括的教説 comprehensive doctrines」から,「自由な立場からの freestanding」公共的理性使用を通じて当事者すべてにとって妥当する政治的諸価値（自由, 平等など）を導き出すこと.

第3章 倫理学の基本概念

本書第1章では，哲学的倫理学の基本的定義，倫理，道徳，およびメタ倫理学の区別，さらに倫理学の方法を扱い，第2章では，今日哲学的倫理学において論議されている倫理学の合理的アプローチの射程をパラダイム的に主張する，4種類の倫理学モデルを提示した．本章では，これまで述べてきたことに基づいて，倫理学におけるいくつかの基本概念を選びこれを体系的観点から論じてみたい．

3.1 行　　　為

本書第1章では哲学的倫理学を，われわれ人間の振る舞いおよび，行為規則または行為格率，行為態度または行為意図を，道徳性または道徳的正当性の観点のもとで探求する哲学の1部門として規定した．倫理学はとりわけ行為者自身の参加者の観点を重視し，道徳的行為固有の領域に着目する．このことをあらかじめ考察しておくことによって，倫理学は（メタ倫理学の場合は別として）最初から行為における参加者の観点から方法的・理論的に距離をとるということはないということが明確になる．というのは，行為そのものがつねに生じる個々の具体的ケースに持続的に関与する際に反省的・論証的手続きを踏み，参加者の観点に立ちつつ道徳的に正当なもの，および振る舞いにおいて規範的に命じられているものの根拠および基準を探求することこそが，倫理学に固有の課題だからである．

この意味においてつねに実践へと方向付けられた反省の基盤および出発点を形成するのは，倫理学においては行為の概念であるため，本章はまず行為概念の分析に着手する．行為概念を倫理学的に論じる場合に注意しなければならないことは，「道徳的観点」の探求および振る舞いの道徳的正当性への要求の合

理的根拠の探求においては，行為そのものが現実に遂行されることは含まれていない，ということである．行為遂行の現実性は，振る舞いがつねに個々の単一の出来事の空間において生じ，この出来事は行為者に対し——行為規則の問題と並んで——特定の行為状況，文脈および通常の期待される行為からの逸脱の可能性を考慮に入れることを要求する．それゆえ——道徳的振る舞いおよびその倫理的反省のいずれにおいても——道徳的に正当なもの，善きもの，命じられているものへの実践理性の洞察と並んで，行為一般を導く合理的根拠を振る舞いの個別ケースと結び付ける怜悧もまた必要となる．

　ところで行為の現象を成り立たせているものは厳密には何であろうか．日常の用語法においてわれわれは行為 Handlung と態度 Verhalten を難なく区別している．態度は見方によっては意図を欠いた反射的な作用として特徴付けられることがあるのに対し，行為は意図と結び付けられる．したがって不作為 Unterlassung もまた故意に生じる以上，一定程度行為と見なすことができる．行為について日常的に知られていることについては，**アリストテレス**がすでに彼の倫理学モデルにおいて独自の仕方でその基本的特徴をまとめているため，さらに考察を進めるうえで，まずはアリストテレスによる考察（2.1参照）を出発点とし，彼のアプローチを最終的には体系的に超え出ることを試みたい．

　アリストテレスの倫理学においては，狭義の〔「行為」の意味での〕振る舞いにとって2つの要素が決定的であった．すなわち第1に行為者の目的であり，第2に行為者の有する目的に関する知である．これらに加えさらに行為者は，行為の手段および〔行為が為される〕特定の状況に関する知をも有していなければならない．このことによりアリストテレスは，自身の振る舞いおよび行為の目的をそれ自体として知り，かつこれらと並んで行為遂行の手段および目的に，さらに〔行為が為される〕コンテクストに意識的に関与することのできる合理的当事者を想定している．すでに見たように，アリストテレスは行為概念を，世界のあらゆる事物およびあらゆる生命体の自然的努力における，目的論的（すなわち目的を志向する）秩序の枠内で用いている（その形而上学的諸前提は今日ますます疑われているが，この点についてここで議論することはできない）．これはつまり，アリストテレスにおいては倫理的に重要な振る舞いの概念は，目的を追求する「人間の」努力としての行為の記述と内容上結び付いているということである．

この場合人間は，振る舞いの目的を知り，この目的に対し，行為の遂行そのものおよび行為の手段に対する場合と同様に，実践的熟慮および利点の選択の能力によって意識的・随意的に，かつ一定の限界内で自由な態度をとることが可能だとされる．もっともアリストテレスは非随意的な行為のケースも理解してはいた.[1]

アリストテレスにとってとりわけ重要であったのは，目的そのものを含む行為と，行為遂行の外部にある目的を目指す行為との間の区別である．前者のタイプの行為をアリストテレスは「実践(プラクシス)」と称し，後者のタイプを「制作(ポイエーシス)」と称した．彼は行為者自身の観点から，知性の徳(ノエーティケー・アレテー)と性格の徳とを挙げ，後者を倫理的徳(エーティケー・アレテー)とし，行為の道徳的評価にとって決定的な要因であるとした．行為の目的および利点の選択の概念に関しては，アリストテレスは現代の行為概念において想定されているようなより深い行為の意図の観念を持たなかったということが確認されなければならない．

アリストテレスは彼の徳倫理学の根拠付けの枠内で，行為固有の諸要素に関する重要な分析を行っている．彼の行った区別，とりわけ行為の目的，利点の選択，および徳それぞれの差別化は，この分析のための基礎を成すことが示される（2.1参照）．アリストテレスの行為概念は特殊な諸前提によって彼の自然哲学および形而上学と結び付けられているが，この諸前提を度外視しても，彼が明らかにした行為概念の中心的諸要素は今なお体系的重要性を失っておらず，現代哲学においても受容されている．たとえばアメリカの哲学者**ニコラス・レッシャー**（Nicholas Lescher, 1928-）は，次の5つの「行為の記述的諸要素」を区別している．(1)行為の主体（誰が何かを行ったのか），(2)行為の類型（誰かは何を行ったのか），(3)行為の様相（何かはどのように，つまりいかなる様態および方法で，かついかなる手段によって為されたか），(4)行為のコンテクスト（誰かは何かをいつ，どこで，いかなる状況下で行ったのか），(5)行為の根拠および／または原因（誰かは何かをなぜ，いかなる目的で，いかなる精神状態で，いかなる原因またはきっかけによって行ったのか）．

そこで，行為の道徳的内容を倫理学的に反省するためには，行為者自身の道徳的性格への問い，したがってまた行為者の徳，行為者の意図，さらにとりわけ行為のタイプへの問いが基本的かつ重要となる．だが哲学的倫理学の課題は

倫理学の根拠付け，および道徳的行為規則と道徳的行為タイプの正当性要求の根拠付けに限定されるものではなく，個々の具体的行為の道徳的正当性の吟味も含んでいる．そうである以上，レッシャーが挙げた行為概念のさらなる諸要素もまた中心的意義を持つ．レッシャーは明示していないものの，道徳と倫理にとって体系的重要性および内容上の関連性を持つのは，規則および規範への問い，主観的格率への問い，および行為の客観的帰結への問いである．

　行為の帰結に関しては，哲学者**ゲオルク・ヘンリク・フォン・ウリクト**（Georg Henrik von Wright, 1916-2003）に従い行為の結果と行為の成果とを分けることができる．これはつまり，行為の特定の帰結は，それが行為の類型または行為の様相を定義するものとして行為の本質に属する場合に「成果」となるのに対し，行為の他の帰結には，行為の記述そのものにとって行為と必然的に結び付いているのではないもの〔すなわち行為の本質に属するのではない「結果」〕もある，ということである．

　現代の哲学および社会諸科学における行為理論では，いわゆる基礎行為（basic actions）に関する議論が幅広く展開されている．この議論を呼び起こしたのは，行為は空間および時間において単なる出来事の連鎖を形成するに過ぎないのか，それとも行為には内的統一性が帰属し得るのか，という問いである．とりわけ論争の的となった問題は，複雑な行為連鎖は単純な行為または基礎行為に分析的に還元され，この単純な行為または基礎行為〔の概念〕は（通常これは空間および時間における物体の運動として記述されるが）物理学的記述様式に従う行為の因果説明に用いることができるのではないか，ということである．たとえばアメリカの哲学者**アーサー・ダントー**（Arthur Danto, 1924-2013）は，行為を記述する際にそれを要素的操作としての身体運動に還元し得るようにすることを提案している．この「基礎行為」と特徴付けられる身体運動〔の概念〕によって，複雑な行為の経過を分析的に単純な部分行為へと還元することができるだけではなく，行為を因果的に引き起こされた出来事として解釈することもできる．ダントーの「基礎行為」の叙述においては，この因果的出来事は物理学の対象世界において原因として作用し，この原因によって行為者においては行為の意図がある程度因果的に引き起こされることになる．

　このような行為の叙述には**アルヴィン・ゴールドマン**（Alvin Goldman, 1938-）

が異議を申し立てている．彼にとって行為はそれが原因となって世界における新たな状態を引き起こすのではない．つまり，彼にとっては新たな世界状態を基礎的身体運動を原因として引き起こされたものとして記述するのは適切ではなく，これはむしろ行為者の意図を構成要素とする行為の帰結として理解されるべきものである．

　ダントーおよびゴールドマンに対して**ドナルド・デイヴィドソン**（Donald Davidson, 1917-2003）は，存在論的確定の意味においては，われわれの周囲の世界においては行為ではなく，身体運動が存在しているに過ぎないと主張する．他のあらゆるものはわれわれの解釈の問題だと言うのである．デイヴィドソンによれば，この区別によって同一の身体運動について行為者の視点，行為関係者の視点，観察者の視点，および後世の視点から多様な記述を行うことが可能となる．いかなる記述の視点を選択するかに応じて，われわれはある程度新たな行為を生み出すことになるのだという．デイヴィドソンのこのような行為理解に対してゴールドマンは異議を申し立て，その際，デイヴィドソンは彼の考察法により，行為概念の統一体を，一方では空間および時間における純粋に記述的に記録可能な身体運動という自然主義的観念へ，また他方では物理学的には同一の出来事に対して任意に提起される多数の可能な解釈へ，それぞれ分断していると指摘している．このことによって行為主体ならびに意図，行為遂行ならびに行為目標，そして行為手段ならびに行為目的それぞれの内的な構成的連関が解体され，理解されるべき現象が除外されるだけでなく，本書冒頭（1.1）で確認したように，行為者の視点から行為者自身による行為の洞察によって得られるはずの，行為に固有の実践的内容もまた取り逃がすこととなる．実際にはわれわれはこのようにして〔行為の諸要素の構成的連関とその実践的内容とを把握することによって〕初めて，哲学的倫理学の問題設定にとって中身のある行為概念を体系的に定式化することができる．つまり身体運動は通常それだけではいまだ行為ではなく，せいぜい行為の部分要素を成すに過ぎず，それは他の部分要素から孤立させて取り出すことのできないものである．

　デイヴィドソンによる自然主義的・消去主義的行為理解に対しては，**ハーバーマス**もまたヴィトゲンシュタインに依拠しつつ異議を申し立てており，行為は説明され，記述されるだけではなく，理解され得ると主張している（ハーバー

マス「行為，操作，身体運動」，『コミュニケーション的行為の理論の準備研究および補足』所収，フランクフルト・アム・マイン，1985年）．行為の理解は，われわれが行為者の従っている規則を理解することによって行われる．このことは，われわれが行為者および行為者の追求する複雑な行為計画を尊重しているということを前提としている．ハーバーマスによれば，それぞれ異なる行為規則・行為論理・行為合理性に従う3つの行為様式を原則上区別することができる．すなわち(1)道具的行為，(2)戦略的行為，(3)規範規制的行為である．

(1) 道具的行為は，振る舞いの根底にある行為計画に即して，目標となる対象，たいていの場合行為の客体に関わる．これはおおよそアリストテレスにおける制作（ポイエーシス）の概念，すなわち特定の目標へと運動や経過の全体を方向付け，対象を作り出す行為の概念と同様の意味で説明される．この行為が善くまた成功を収めるのは，行為者が行為の目標として生じさせようとしていた善い成果または有用な産物が，実際に行為によって生じた場合である．

(2) これに対し，戦略的行為は産物または対象を生み出すことを目指すのではなく，他の行為主体に関わるが，他の行為主体自身はここでは目的のための手段としてのみ扱われる．第1の行為タイプと同様に戦略的行為の場合においても，行為の目指すものは戦略を立てる人が行いによって追い求める外的目的である．だがこの目的を果たすために他の共同行為者は明白に行為計画に組み込まれており，しかも行為者の側では，共同行為者を自身の目標達成のための手段または道具として投入するということを意図しているのである．この行為様式の合理性に対応して，行為者が他の共同行為者を戦略的に用いて，最終的に自身の目標を達成できるようにする行為が善いまたは効果的であるということになる．

(3) 第3の行為様式として道具的行為および戦略的行為から区別されるのが，規範規制的行為である．ここで追求されている行為の合理性は，行為の終局において特定の利得のような目標またはあらかじめ定義された目的が達成されるということによって定義されるのではない．ここではむしろ，行為者が行為によってまたは行為において特定の行為規則を遵守しているか否か，行為が正当であるのか否か，その意味において善いのか否かによって，

行為の合理性が決定される．この行為タイプにおいて行為は目標が達成されたか否かによって評価されるのではなく，まずは行為の遂行そのものが考察され，行為遂行の様態や方法が特定の規則に合致しているか否か，合致しているとすればどの程度かが回答される．このように一般的に定義された規範規制的行為は，それだけではまだ必ずしも道徳性の観点のもとでの行為ではない．というのは，法規，技術規範，振る舞いの文化的範型，医学的処方，食餌療法的助言等，行為者が遵守し得る道徳規則以外の規則が存在するからである．だがこの行為タイプおよび行為合理性に，本書で（いかなる意味においてであれ）道徳的性質を持つと特徴付けた行為（1.1参照）が含まれることは言うまでもない．この行為の正当性要求によって，道徳的意味における善の概念が定義される．すでに見たように，道徳的に善であることへの行為者の要求を批判的に吟味し，これを根拠付け，却下し，または変更することこそが，倫理学の課題である．

これら3つの行為様式の区別はそれぞれの根底にある行為計画および行為合理性に従って，ダントー，ゴールドマンおよびデイヴィドソンとの議論においてハーバーマスが導入したものだが，彼は後の『コミュニケーション的行為の理論』においては，新たに4つからなる行為タイプのリストを提起している．これは上述のリストを変更し，かついくつかの体系的に重要な観点において補完するものとなっている．すなわち，(1)目的論的行為，(2)規範規制的行為，(3)演劇的行為，(4)コミュニケーション的行為である．

(1) 目的論的行為の概念においてハーバーマスは以前の制作的行為および戦略的行為を統合している．これは理に適い納得のいくものである．というのは，制作的行為と戦略的行為のいずれにおいても孤立した行為者が範型として想定されており，その行為によって目標（テロス）の達成を目指しているからである．このタイプの行為が「善い」とされるのは，孤立した行為者が行為手段を適切に組織化し，最終的には意図された目標を達成し，なおかつ可能な限り取引のコストを軽減する場合である．この場合，目的論的に定義された行為は，単に成功を収めたという意味において善いだけではなく，同時に効率的でもある．

(2) これに続く行為タイプが規範規制的行為である．ハーバーマスはこの行為タイプを特徴付けるにあたって，この行為は孤立した行為者の態度に関与するのではなく，主体間で共有される価値，規則および規範へと行為を方向付ける，社会集団の成員に関与すると想定している．この意味での行為の合理性において「善く」行為するのは，集団内の他の人びとが期待するような仕方で，道徳的，宗教的，法的，文化的，技術的または経済的意味での価値，規則および規範を遵守する人である．

(3) これらの行為タイプからさらに区別される第3の行為様式は，演劇的行為と称される．これが記述するのは孤立した行為者でも集団の成員でもなく，「互いに公衆となり，互いの面前で自己表現を行う相互行為の参加者」である（『コミュニケーション的行為の理論』第1巻，128頁）．ここで優勢となる行為は言語を遂行手段として用いる社会的「自己表明」である．

(4) 最後の行為タイプとしてハーバーマスはコミュニケーション的行為を導入する．この行為は2人ないしそれ以上の言語能力および行為能力を有する主体の間で行われ，この相互行為に際し各主体は——戦略的行為とは異なり——人格間関係の実践を目指している．「行為者らは行為計画に関し了解することを求め，それにより行為を同意の上調整する」（同）．コミュニケーション的行為の概念においてハーバーマスは，ミードの社会心理学，ヴィトゲンシュタインの言語理論，オースティンの言語行為論およびガダマーの解釈学構想に依拠している．このようにして彼は，言語理解および言語行為の観念を介して拡張された行為概念を明示している．そしてこの行為概念の内的論理にはすでに，道徳の基礎付けおよび哲学的倫理学の根拠付けにとって多大な重要性を持つ了解のための潜在能力が見出される（同，141-151頁）．ハーバーマスが前提としているのは，コミュニケーション的行為の観念は単に最も包括的な，他の行為諸様式をある程度統合する行為タイプを意味するだけではなく，われわれはそもそも了解を目指すコミュニケーション的行為を完全に回避することは（たとえ日常世界においてしばしばわれわれは［相互了解ではなく自己目的追求としての］戦略的行為の論理に従っているのだとしても）不可能だということである．これら両観点から，倫理学の基礎付け（2.4参照）に対してコミュニケーション的行為の果たす基本的役割が明

らかとなる．実際，われわれの日常実践に組み込まれた道徳性の感覚はすでにコミュニケーション的行為を構成している．われわれの生活世界における実践に組み込まれているコミュニケーション的言語行為をこのように描くのが妥当であるとすれば，この行為タイプには道徳的正当性の感覚がいわばおのずから対応していることになる．この行為の観念に基づいて倫理学の反省はいわば体系的に「積み上げられる」(3.5参照)．このことを本書の原則としておきたい．

【練習問題】
1．アリストテレスおよびニコラス・レッシャーによって提起された行為概念の定義の諸要素を分析し，比較してみよう．
2．「基礎行為」概念をめぐる論争の中心を占めている問題は何であるか．また，この論争においてどの論証が説得力を持つであろうか．
3．ユルゲン・ハーバーマスによる拡張された行為概念の提言の意義を，哲学的倫理学の課題に鑑みて検討してみよう．

❽ 行　　為

　行為はさしあたり（アリストテレスに依拠して）目標を目指し，目的を追求する人間の努力として描かれる．行為は知と意志とをもって遂行され，実践的思慮，手段および目的の選択行為，および個別状況の考慮を伴い，一定の限界内で自由な意志によって遂行される．行為者の意図（intentio）の概念によって，現代哲学は中世哲学とふたたび結び付けられる．
　ニコラス・レッシャーが論じているように，行為は5つの（記述的）要素によって構成される．(1)行為主体，(2)行為類型，(3)行為の様相，(4)行為のコンテクスト，(5)行為の根拠および／または原因，である．
　「基礎行為」をめぐるダントー，ゴールドマン，デイヴィドソンの論争は，行為は空間および時間における出来事の単なる連鎖に過ぎないのか，それとも行為には内的な統一性が備わるのか，備わるとすればどの程度か，という問いに発している．この論争においては，行為主体と意図，行為遂行と行為目標，行為計画と行為状況はそれぞれ内的に不可分な仕方で結び付いており，行為固有

の現象を理解し得るためにはその内的連関が不可欠であるということが，体系的に示された．

　ハーバーマスは以前，行為の3類型（道具的行為，戦略的行為および規範規制的行為）を提起したが，後にこれを4類型によって明確化した．(1)目的論的行為（制作的行為および戦略的行為が含まれる），(2)規範規制的行為，(3)演劇的行為，(4)コミュニケーション的行為，である．この提言は，行為の「道徳性」を参加者または行為者の観点からも主題化している点において，「実践理論」としての倫理学の課題を規定するために原則上適している．

3.2　徳

　徳（Tugend，ギリシア語ではarete，ラテン語ではvirtus）は，**アリストテレス**の倫理学モデルにおいては彼が「善（アガトン）」の概念において捉えた道徳的に正当なものの観点を規定する際に決定的な役割を果たす（2.1参照）．それ以後に展開され，異なる体系性を有している他の倫理学モデルにおいても徳の観念は中心的位置を占める．それというのも，ほとんどいかなる倫理学構想においても，倫理的徳を有していることは，行為者が道徳性または道徳的心術を備えていることの証拠となるからである．たとえばストア派の倫理学においては，徳にとりわけ高い重要性が認められている．見逃されやすいことだが，カントの理性倫理学においても同様のことが当てはまる．彼は人倫的義務としての倫理的徳について詳述しているからである．

　古来，徳Tugendの対概念は悪徳Lasterである（ギリシア語のkakiaおよびラテン語のvitiumはドイツ語の悪行Schlechtigkeit，悪意Bosheit，過失Fehler，欠落Mangelまたは罪Schuldに相当する）．徳も悪徳も多くの人の耳には古めかしく聞こえよう．その限りで，本節が扱う徳の概念はせいぜい，過去における倫理学観念への理解を深めるのに役立つに過ぎないと思われるかもしれない．だがこれは誤っている．徳の概念が今日なおアクチュアルであるという事実は，アラスデア・マッキンタイア（Alasdair MacIntyre, 1929-）らの哲学者が今日の西洋文明に対し「道徳の危機」との診断を下し，これを「徳の喪失」[2]と結び付けていることに示されている．徳に関する倫理学理論を放棄することができないということは，マー

サ・ヌスバウム（Martha Nussbaum, 1947-），オノラ・オニール（Onora O'Neill, 1941-），フィリッパ・フット（Philippa Foot, 1920-2010），ロザリンド・ハーストハウス（Rosalind Hursthouse, 1943-），ナンシー・シャーマン（Nancy Sherman, 1951-），ウルズラ・ヴォルフ（Ursula Wolf, 1951-）といった哲学者が今日ますます強調するところである．

アリストテレスだけでなく，そもそも彼の師**プラトン**も徳の理論を彼の倫理学の中心に据えていた．そこで際立っているのは，いずれにおいても国家における「最善の人びと」〔アリストイ〕が持つべきであると考えられた性格が，徳の叙述内容を強く方向付けていたということである．両者の徳の理論の根底にあったのは明らかに，紀元前4〜5世紀におけるアテネの支配的貴族政治〔アリストクラシー〕が向かうべき発展の方向に関する理想化された提案であった．

だが体系的な観点から関心が寄せられ，今日の倫理学における議論に適していると考えられているのは，このようなアリストテレスの主張する徳論の内容面よりはむしろその形式面の方である．徳概念の形式的課題は，言語能力や理性能力，あるいは感覚的知覚能力や運動能力といった人間の自然的性質ではなく，一定の状況下で意図的に習得され，自然的素質に加わることになる性質を規定することにある．

その際，体系的に重要であり留意すべきことは，徳の概念は道徳的性質または人倫的態度のためだけではなく，精神的または知性的性質，および／または身体的能力を特徴付けるためにも引き合いに出されるということである．人間のこれらの性質に共通するのは，これらは自然的素質を基盤として獲得・学習・習得されることによって初めて，一方ではこれら新しい素質の担い手を際立たせ，他方ではこの担い手がこの新たに獲得された性質に即してよりよく行為することができるという点である．そこでたとえばスポーツの領域においては，選手が試合において高い成果を上げるためには，選手は身体トレーニングによって「身体的」能力〔徳〕を習得しなければならない．外国語や数学を学ぶ生徒もまた，それぞれの領域における特殊な知識を「精神的」または「知性的」能力〔徳〕として獲得することで，理解力や記憶力を身に着けるのである．その結果としてこの生徒は，より複雑な言語内容を外国語で理解したり，数学の難問を解いたりすることができるようになるのである．同様のことは楽器演奏

を学ぶ音楽学生にも当てはまる．

　一般的に確証し得るように，徳は以下のように定義される．すなわち，徳はその担い手である行為主体によって獲得・学習・習得され，したがってまた人間の自然的性質ではなく獲得された性質を示している．この新しい性質はこれを獲得する人にとって個人的・習慣的性質となり，この性質によりこの人はより高い熟練度と資質を持って，効果的に，要するに「よりよく行為する」，つまりより速く走り，外国語を使いこなし，数学の難問を解き，難曲を演奏することができるようになる．

　どのようにして行為の資質を得るかという点ではそれぞれの個人によって異なるものの，〔一般に〕能力〔徳〕によって能力の担い手は「よりよく行為する」ことができるようになる．逆に行為者が能力を有していないならば，その行為は熟達せず，資質を欠き，効果的でなく，したがって「善さを欠いている」．そこで外国語をよりうまく話す，スポーツの試合で勝利する，オーケストラの難曲を演奏する，といった特定の目標を達成しようとするならば，まずはそのために要求される能力を獲得しなければならず，そうしなければ目標は達成されることはない．知的能力〔知性の徳〕（言語や数学の知識）は新たな洞察と拡大された知を準備し，これを実際にもたらすことができる．

　さらに言えば，獲得された能力および性質を失うことのないよう配慮することも重要である．スポーツ選手は不断にトレーニングを積まなければならないし，外国語学習者は当該言語を話す機会を持たなければならない，音楽家は演奏の練習をしなければならない．一般に，能力は単に獲得されなければならないだけではなく，ふたたび（少なくとも部分的には）失われる可能性があるため，つねに実践において使用することが必要となる．能力は行為の性状（ギリシア語の hexis，ラテン語の habitus）または，人間の常態化した態度および性質であり，それは行為において用いられつねに新たに実現されることによって，能力の担い手としての行為者において保持され，つねに改善された形態で，より適切な行為を可能にする．

　徳・能力の概念をこのように全体として人間の獲得した習慣として扱い，「身体の徳〔身体能力〕」「知性の徳〔知的能力〕」の事例を挙げることに加えて，スポーツ，言語習得，数学の学習，楽器の練習においては単に学習者の身体や

知性だけではなく，持続，克己，勇気，感情コントロールといった性質も問われている．これらがなければその他の能力や徳は十分には発達しないであろう．アリストテレスおよび彼の支持者たちはこれらの徳を「倫理的徳」(「性格の徳」)とした．性格の徳は行為者の人格としての道徳的アイデンティティを特徴付け，単に行為の仕方を決定するだけではなく，行為目標および人生全体において追求すべき計画をも決定する．これによりアリストテレスは，倫理的徳には単に振る舞いの動機付けおよび遂行に際して重要な役割が備わるだけでなく，振る舞いを方向付けこれを認識する機能も備わることを認めている．つまり〔倫理的〕徳には，特定の行為目標または道徳的「善」への具体的な方向付けに先立ち，人が行為を意図および知識に基づいて，継続的に，情報を与えられ，目標に方向付けられ，手段を意識しつつ遂行することができるようにするという，機能的に記述可能な課題も与えられている．アリストテレスによれば倫理的徳の課題は，人間の行為を実践知および洞察に基づいて，自らの企図および必要な「利点の選択」，継続性および一貫性，さらに「喜び」と「機略」をもって，自ら選択し設定した目標を実現することを目指して形成することにある．このように見ると，徳は単に行為遂行を調整するだけではなく，行為する人格を「統合」する．つまり善き行為から「善き行為者」が生まれるのである．

ここでアリストテレスがプラトン(『国家』)から受け継いだ4つのいわゆる枢要徳を挙げておこう．

(1) 第1の枢要徳は思慮(ギリシア語：phronesis)である．これはそれ自身，性格の徳という狭い意味での「倫理的徳」であるわけではなく，「知性的徳」である．思慮は道徳的に正当であると一般的に認識されていることを，個々の特殊な行為状況と，その都度認識の上でも動機の上でも結び付ける能力を行為者に与える．したがって思慮は，あらかじめ定められている目的を実現するための正当な手段を見出すことに限られるのではない．思慮によって行為者は，道徳的に正当な部分目標を道徳的生活計画の各段階として認識し，実際にこれを選択する．**トマス・アクィナス**(Thomas Aquinas, 1225-1273)はこの点について重要な解釈を提起している．すなわち思慮は——単なる賢明さ，狡猾さまたは実行力とは異なり——倫理的徳と結び付いての

み，個別ケースにおいて道徳的に正しいものを認識させる[3]．トマスはさらに，思慮こそが倫理的徳を実践的に統合する（諸徳を結合する connexio virtutum）ものだとも述べている．

(2) 第2の枢要徳は正義（ギリシア語：dikaiosyne）である．これは他の人びとに対して正当に振る舞い，かつ自己と他人の行為を公共の福祉，すなわち政治共同体におけるすべての人びとの幸福へと向けさせる態度および能力である．したがって正義の徳はさまざまの倫理的徳の最上位に位置するものでもあり，正義によって初めてこれらの徳は，ともに行為する他の人びととの関係において妥当するものとなる．

(3) 第3の枢要徳は勇気（ギリシア語：andreia）である．これは危険や抵抗に遭遇することへの恐怖によって左右されることも，また逆に無謀や軽率に陥ることもなく行為する能力のことである．市民生活において勇気は「市民的勇気 Zivilcourage」[4]とも称される．これは敵視される可能性があるにもかかわらず，正義に適う事柄や正当な関心事を擁護し，権力者の傲慢または市民同胞の無知に立ち向かい，道徳的に正当な道から逸脱しないようにすることである．

(4) 第4の枢要徳としてアリストテレスは節制（ギリシア語：sophrosyne）を挙げる．これによって行為者は情念と理性，放埒と無感覚との間の正しい中間を見出すことができる．この意味において節制もまた単に動機付けの点で影響を与えるだけでなく，道徳的認識を促す．

これらの徳は，知性的徳である思慮が倫理的徳である正義，勇気および節制と結び付く形で，道徳的に広い意味での成功した行為を人に行わせ，行為において道徳的人物であることを可能にし，「善き実践」としての幸福（2.1参照）を実現させる．

　キリスト教の伝統においては，プラトン・アリストテレスの伝統におけるこれら「自然的徳」に加えて，**パウロ**による「超自然的徳」としての信仰，希望および愛がそれぞれ順次段階が高まる形で論じられる（コリント人への第1の手紙13）[5]．これらの徳もアリストテレスの場合と同様に行為を方向付け，実践的真理への洞察を与え，これらの徳に対応する実践を行わせるという機能を果たす

が，その際行為をこれらの徳によって導いていく人が神のもとで・神とともにある・神における永遠の生の幸福（ラテン語：beatitudo）を実現できるようにする．

　後期古代における**ストア派**の哲学的伝統においては，倫理的徳論は固有の仕方で根本的に変化する．徳はもはや，人を「善き行為」へと方向付けるものでも，幸福な生活へと導いていくものでもなくなる．ストア派において徳は新たな課題を担い，道徳的意味において一般に「善い」と称されるに値する唯一のものと考えられることとなる．これにより，行為の他のすべての善きものまたは目的は——アリストテレスまたはエピクロスの道徳論を拒否しつつ——道徳的に中立のもの（ギリシア語：adiaphora）であるとされる．ストア派の説によれば，幸福な生とはもはや成功した生活設計のことではなく，徳を有することに他ならない．徳を有することによって人は道徳的に秀でた者となり，この人は病気や戦争，苦痛や貧困といった不幸に遭遇しても，また最愛のものを失ったとしても，徳を失うことがない（セネカにおいてパラダイム的に示されている思想を参照）[6]．ここにおいて義務論的意味における「徳義務」が，道徳的に正当なものまたは善なるものの倫理学的規定の中心を占めるようになる．徳はもはやアリストテレスにおけるように善き生活の実践を統合する構成要素として理解されるのではないし，また近代初頭のデイヴィド・ヒューム，または現代の倫理学的自然主義におけるように，純粋に道具的性質を持つものと見られ，その担い手に「万人の万人に対する戦い」において戦略上の優位を与えるというものでもない．カントはヒュームの倫理学的自然主義を批判する際，彼の表明した実践理性の自律（2.3参照）に基づいて，実践理性が人間の意志に対して課している義務を遵守する際の道徳的強さとして徳を規定することによって，ストア派が最初に定式化した徳義務の規範的理念に依拠している．カントにおいては自律原理に基づく徳義務には，自己を道徳的に「完全化」する義務，および他の人びとの「幸福」を促進する義務が含まれる．このようにカントにおいては，人間の行為を徳義務に従って規定すべき実質的目的が定式化されている．

　このように徳の理解の仕方はさまざまに異なるものの，人の道徳的行為が成功を収めるために徳がきわめて高い重要性を持つということは，哲学的倫理学において論争の余地がない．「徳」という用語が，またそれにも増して対立概念である「悪徳」が，今日では脇へ追いやられているように見えるとしても，

このことに変わりはない．徳においては，その都度の道徳的行為世界において優先される範型が反映されている．徳はそれ自身，行為の道徳的範型を示し，行為における道徳的方向付けに適している．もっとも，徳が単に道徳的行為に対する模範，認識および動機付けの可能性を内に含み，道徳的に正当なものを例示するだけでなく，道徳的に正当なものを倫理学的に根拠付けること，すなわち行為の個別ケースにおいて道徳的正当性の基準を示すという負担を引き受けるのに適しているか否かについては，依然として論争の余地がある．そこで徳論全体についてみれば，それは純粋に形式的かつ抽象的な倫理的原理に取り組んでいるに過ぎないという非難にさらされているわけではない，ということを認めることができる．徳論はつねに直観的であり，したがって道徳的に充足しているか，またはイギリスの哲学者**バーナード・ウィリアムズ** (Bernard Arthur Owen Williams, 1929-2003) が表現するように「濃い〔道徳〕観念 (thick concepts)」[7]を形成する．こうして徳倫理学的アプローチはまさしく現代哲学においてこそ（たとえばケアの倫理学において）広く受け入れられている．

　徳の一覧において明示された道徳的に善い行為の根拠は何かという倫理学的問いに対して，論証によって裏付けしながら答えるにあたり，徳倫理学的アプローチは，この論証はその都度の行為または道徳の文脈を超えて普遍的同意を得るのだとする．だがこれでは論証としては弱い．なぜなら，行為を道徳的に方向付ける際に欠落しているのは，必ずしも明示性，動機または安定性ではなく，むしろまさしくカントが立てた問いとしての「われわれは何を為すべきか」〔への答え〕であることが多いからである．さらに，関連する倫理的問い，すなわちなぜあることを行うべきであり，別のことを行わないでおくべきであるのか，という，道徳的に命じられ，規範的に義務付けられる行為およびその行為の格率の基礎を成す規範的原理への問いに対し，純粋な徳倫理学は——アリストテレスにおける哲学的倫理学のモデルにおいてすでにパラダイム的に示されているように——大半の場合，循環論法によって回答するにとどまる．アリストテレスを扱った際（2.1参照）すでに明らかとなったように，彼の徳論および善き振る舞いの規定は，相互に他方を説明するものとなっているに過ぎない．だがその結果として，この倫理学説は論拠として脆弱なものとなっている．

　複数の当事者間に深刻な道徳的対立があるとき，もっぱら倫理学的第一原理

への洞察に基づいて当事者を規範的に納得させることの可能な答えをわれわれが探求する場合，またはわれわれ自身が道徳的ジレンマに陥り，為すことのすべてが道徳的に誤っているように，または禁じられているように思われる場合においてはいつでも，この論拠としての脆弱さが露わとなる．価値があり，推奨に値するという意味における道徳的に正当な行為としての善への倫理的問いの多くは，模範や具体的徳目を示唆することによって回答される．ところが，「あれかこれか」「あれでもなくこれでもない」といった厳密な規範的問い，すなわち厳密に命じられていること，またはいかなる意味においても道徳的に禁じられていることの問題に取り組む場合には，純粋に徳倫理学的な道徳理論における根拠付けの洞察，遂行能力および実践を方向付ける力は，ただちに限界に突き当たる．

　具体的徳目に関する倫理学説はたしかにつねに哲学的倫理学における不可欠の要素ではある．討議倫理学が推奨するのとは異なり，徳倫理学を哲学的倫理学のプロジェクトから除外すべきでもない．だが，徳倫理学だけでは倫理学の基礎付けとして不十分である．なぜなら徳倫理学は，特定の道徳規範，規則，格率，さらには特定状況における行為を，条件付で命じられているものとして，または無条件に命じられ普遍的に義務付けるものとして捉え，これに対して別の規則または行為を原理的に禁じられているものとして捉えることの根拠をめぐる問いに対して，哲学的観点から十分な回答を与えることができないからである．

　そこで哲学的倫理学の基礎付けに対するさらなる提案として，原理へと方向付けられた規範倫理学をいかにして徳倫理学的道徳学説と結び付けるかという課題が登場する．現代倫理学の議論においては，「アリストテレスかカントか」という二者択一ではなく，倫理学の両モデルの統合の方を選ぶ諸論考が多く見られるようになっている（3.5参照）．

[練習問題]
1．アリストテレスにおける徳倫理学モデルの根拠付けにおいて倫理的徳の概念はどのような役割を果たすであろうか．
2．「ストア派およびカントに依拠して理解することの可能な，拡張された徳の概念

は，哲学的に見て倫理学の基礎付けにとって欠かすことはできない.」この主張に対して自身の見解を述べてみよう．

❾ 徳

　徳は（アリストテレスに依拠するなら）形式的には，人間の獲得された習慣的性質として規定され，この性質は行為者の性状(ヘクシス)となって働き，行為を「より善く」するのに適合している．その際に前提とされているのは，行為は行為者自身の視点から記述し，理解することが可能であるということである．行為者の視点からの行為の記述および理解を構成するのは，行為主体と意図，行為遂行と行為目標，行為計画と行為状況それぞれの内的連関である．人間のさまざまな自然的性質の違いから，アリストテレスは人間の典型的徳を，(1) 知性の徳，(2) 身体の徳，(3) 性格の徳（倫理的徳）の3種類に区別した．道徳的行為にとって決定的な徳として，アリストテレスは知性的徳としての思慮に加えて，性格の徳（または倫理的徳）として正義，勇気，および節制を挙げた．倫理的徳によって人は自分の人生における任意の目標をよりよく認識し，実践において達成することができるようになるだけではなく，道徳的生活実践において自分自身を人間としてより善くすること，すなわちより善き人となることが可能となる．アリストテレスによればこのことは，人生を善き道徳的実践として実現する道徳的に善い人の生活目標を意味する．

　倫理学の歴史の進展に伴い，徳概念は別の仕方で定義されるようになった．ストア派の倫理学は，徳を義務論的倫理学の地平において根本的に新たに解釈し直す徳義務の観念を志向している．カントの道徳哲学はこの徳理解に依拠して実践理論としての倫理学の領域を拡張し，具体的な道徳的行為の多様性を視野に収めることで，生活世界に根ざす行為の道徳性（または道徳的正当性）への問いを（自己）反省的に吟味することを目指すものとなっている．

　アリストテレスの伝統およびストア派の伝統に対して拡張された倫理的徳の概念によって，倫理的反省の種別および認識領域は，純粋に形式的なタイプの哲学的倫理学に対して，一方では，「実践理論」としての倫理学に適合する形で拡張される．というのは，倫理学は道徳的行為の参加者の視点から論証を行うものである以上，徳の認識機能を倫理学は断念し得ないからである．他方，行為者の道徳的世界内部において根本的な対立が存在する場合には，倫理的徳を

有していることによって得ることの可能な洞察に依拠したとしても，その射程は制約されたものとなる．それだけに一層，倫理的徳〔の概念〕はここでもまた単に動機を促進するにとどまらず，認識を促進するという意味においても倫理学において欠かすことはできないのである．

3.3 善，正，正義

　倫理学のいくつかの基本概念を選んで入門的解説を行う本章は「行為」の概念から出発した（3.1参照）．このことの体系的根拠は，行為概念が哲学的倫理学の方法的・内容的出発点を成すことにある．本書の初めに倫理学を，行為と結び付く道徳的正当性要求を論証的・自己反省的に吟味することを課題とする実践理論であると特徴付けたのはそのためである（1.1参照）．

　行為概念の分析の帰結として，行為概念について語る際にはつねにそれと関連して行為主体，行為計画または行為の意図についても語らなければならないということが判明した（3.1参照）．その際には異なる行為様式を区別するだけでなく，異なる行為合理性，および行為の根拠付けの異なる範型を区別することも必要となる．この脈絡から道徳的行為は，「善」，「正」および／または「正義」という基準に準拠する行為としての資格を持つものと言える．あるいは少なくとも道徳的行為は，こうした基準に照らして倫理学的に評価されることを要求する．善，正，正義という倫理学的基本概念によって意味されるのは具体的には何であるかを，これから解明することとしよう．

　善，正，正義に共通するのは，われわれの行為の道徳性のための妥当根拠および基準は何かという，哲学的倫理学の立てる問いに対する回答をこれらが与える点である．その際，アリストテレスに見られるような徳倫理学的見解では（2.1, 3.2参照），善の概念に模範的なものまたは推奨に値するものという意味での評価的解釈が与えられる．これに対し，ストア派，トマス・アクィナス，カントまたは功利主義者といった他の倫理学者は，善を規範的特徴を持つ（指令的意味での）正当なものとして理解する．正は固有の意味においては単に推奨に値するというにとどまらず，為すべきものである．さらに討議倫理学の提唱

者たちは，善の概念を倫理的討議の管轄そのものから除外しようとする．善の倫理学的概念の解釈はこれほどまでに異なるのである．そこで以下においてはまず，善の純粋に徳倫理学的な解釈だけでなく，善の討議倫理学的解釈もまた，それぞれ異なる根拠から不十分なものであること，そして，善の概念の理解を拡張し，これを規範的正および規範的正義の具体的概念という意味においても，われわれの倫理学的思慮の基礎に据えることが望ましいと思われることの根拠を述べることにする．

　純粋に言語的観点から見ると，「善 das Gute」は形容詞「よい gut」を名詞化したものである．いずれの語も日常会話において，道徳または倫理的反省に限らず，実に多岐にわたる脈絡の中でさまざまな仕方で用いられる．したがって「よい」という語を道徳的意味で用いるためには特定の理解が必要とされるし，またこの語を倫理的意味で用いるためには特定の根拠付けが必要とされる．

　「よい gut」という表現は日常的には，「このナイフはよく切れる（Das Messer schneidet gut）」のように動詞で述べられることに肯定的性質を与える副詞として，または形容詞として用いられる．「よい gut」を形容詞として用いる場合には，「このナイフは〔性能が〕よい（Das Messer ist gut）」のように述語表現となるか，または「これはよいナイフだ（Dies ist ein gutes Messer）」のように付加語的形容詞となるかのいずれかである．

　イギリスの哲学者**ピーター・ギーチ**（Peter Geach, 1916-2013）は論文「善と悪（Good and Evil）」において正当にも次のことに注意を促している．すなわち，「よい good」という語と（「赤い」「大きい」「小さい」などのような）文の主語の有する一定の性質を述べた述語的形容詞の通常の用法との間の論理的相違は，後者は述定される対象がなくてもそれとは独立に述語表現の内容を理解することが可能であるという点にある．形容詞「よい」についてはこのことが当てはまらない．つまり，「よい」という言明の意味するところを理解するためには，「よい」と述定される対象をまずは知らなければならない．したがって言語哲学的観点からは，形容詞「よい」の用法をまずは付加語的使用に還元し，単純な述定「Xはよい（X ist gut）」を付加語的言明「XはよいYである（X ist ein gutes Y）」の側から理解するのが適切であるように思われる．このように理解するなら，形容詞「よい」は何ものかを基本的に「肯定的なものとして」――「誤ったもの

として」(または「悪しきものとして」) 評価することとは反対に——評価する1つの仕方として用いられる．その際，「よい」という語によって述べられた肯定的性質は実にさまざまな観点に対応するものとなり得る．(「誤っている」または「悪い」と特徴付けられるのは形式上，特定の意味において不完全なものか，または根本的に不出来のものである．)

　名詞としての「善 das Gute」の用法は哲学史において長きにわたる伝統を有する．「善」の概念は哲学史的伝統に由来し，日常言語に根を下ろしている．「善」の概念のこうした哲学的由来は，実践理論としての道徳哲学または倫理学に限られるものではない．ここではまたしてもプラトンの哲学を事例として取り上げることができる．彼は「善」を理論哲学の文脈において，すなわちイデア説において「最高のイデア」としている．プラトン説と切り離せないのは，本来の意味において「存在するもの」または「現実的なもの」の性質が「善」と結び付いているとする見解である．このことから，「誤ったもの」または「悪」はプラトン的伝統においては本質的に，不完全な，または根本的に欠落した類例として特徴付けられる．

　アリストテレスは『ニコマコス倫理学』(第1巻，第4章) においてプラトンの「善のイデア」の説を批判し，善の概念が——前述したように——多様な仕方で用いられることを指摘している．一方，アリストテレスの影響下にある形而上学の歴史においては，「在る」と「善い」というそれぞれの述語を特殊な見地から交換可能と見なすプラトンの原理もまた健在である (中世哲学の原理「存在者と一なるものは等価である (ens et unum convertuntur)」においては，トマス・アクィナスにおけるように「存在者 (ens)」と「一なるもの (unum)」とのカテゴリーの区別を超えた超越論的位置付けが述べられている[8])．この伝統においては，「善くあること Gutsein」によって特殊な「存在の充実 Seinsfülle」が，「悪しくあること Schlechtsein」によって特殊な「存在の欠落 Seinsmangel」が述べられている．

　理論哲学の1つの部門である形而上学においてこのように用いられてきた善の概念と，実践哲学，すなわち倫理学および政治哲学において用いられている善の概念とは区別しなければならない．とはいえ見逃してはならないのは，道徳哲学の伝統においてはしばしば「善い」という語が，同じ語の理論的使用の伝統と密接に結び付いて用いられてきたということである．

このことはとくに，分析哲学者**フィリッパ・フット**に代表されるような（フィリッパ・フット『自然的善』，2001年〔『人間にとって善とは何か：徳倫理学入門』，筑摩書房，2014年〕）現代の自然主義的倫理学に見られるアリストテレス的伝統において顕著な点である．フットによれば，アリストテレスの根拠付けた善に関する言説において特徴的であるのは，倫理学の問いを「人間にとっての善」という意味における「人間的な善」に集中させる点にある．だがフットがただちに確認しているように，このことは倫理的主観主義と結び付くものではなく，むしろ反対に善への問いを，あらゆる生命体間における客観的に理解された，だが同時に規範的重要性を持つと理解される自然的連関へと埋め込むことになる．フットにとってこのことは，行為における人間にとっての善の規定は，人間の自然的努力およびこの努力に対応する目標または「財（goods）」から切り離すことはできない，ということを意味する．同様にフットによれば倫理学は，行為者の善き性質の完全性すなわち徳・卓越性への問い，および行為において追求される目標の実現への問いを度外視することもできない．善と自然的なものとの，または種差に適合するものとの間のこのような諸連関は，フィリッパ・フットの自然主義的倫理学の主要動機を成している．

すでにアリストテレスは，善の倫理的規定を「万物の求めるところのもの」（『ニコマコス倫理学』第1巻，1094 a3）とする一般的定義に基づいて，十分に規定された道徳的善とは「われわれがそれ自身を目的として意欲するもの」（『ニコマコス倫理学』第1巻，1097 a17）として理解されなければならないと述べている．善の概念を生物の努力目標とするのは一般的な定義にとどまるが，この第1の定義からアリストテレスは，人間の行為およびその自然本性に鑑みて，徳・卓越性に即した善の教説を導き出す．この教説は一方では善を客体的なものとして規定する．しかしながら他方においてアリストテレスによれば，道徳的善の決め手となるのは，最良の倫理的徳の獲得を目指す人間の主体的努力，および，実践知を行為の個別ケースに関連付ける思慮（プロネーシス）の洞察である．そこでアリストテレスにとって道徳的善とは——行為の善に関しパラダイム的意味において——第2の定義の述べるとおり，われわれが行為においてもっぱらそれ自身を目的として追求する「一般的目標」としての「それ自体として善きもの」に他ならない．単に経済的意味において有用なもの，政治的意味において追求するに値

するもの，または快適なものとは異なり，最高の徳に即した生のみが善の概念に無条件に値する目標となる．

こうした分析によりアリストテレスは，善をさまざまな段階を持つ道徳的資質として規定した．この観点からは有用なものまたは快適なもの，そればかりか実質的利益の追求もまた，有用なもの，快適なものの概念が人間の努力にとって欠かすことのできない，十分正当な部分目標または構成要素を成すものである限りにおいて善いと特徴付けることが可能である．有用なもの（ラテン語：utile）および快適なもの（ラテン語：iucundum, delectabile）は，人びとが行為においてそれらを「節度を持って」追求するならば，広義の道徳的意味において善いもの，価値あるもの，積極的なものと見なすことができるが，そうはいってもそれ自体として完全に善いものであるわけではなく，行為の暫定的目標を成すにとどまる．これらはそれ自身を目的として追求され努力されるべき「完全な善」を表現するものではないのである．

だがアリストテレスにとって，無条件に道徳的善を備えていると言えるのは，部分的にではなく包括的に，振る舞い全体において生を最善の性格の徳に従って営む「善き人」の生のみである．アリストテレスによれば，このような生こそが無制約かつ完全に善いと特徴付けるに値する．このような生のみが求めるに値するもの（道徳性 honestum）であり，道徳的善の定義を満たしている．この道徳的善はあらゆる努力の最終目標であり，そこにおいては善いと称することのできるもののうち何１つとして欠けるものはない．アリストテレスのこうした考察においては，道徳的善の弱い規範的解釈法が十分示唆されている．これはすでに，善を単なる推奨すべきものとするもっぱら評価的な解釈を超え出ている．

現代のアリストテレス主義においては，善の規範的解釈を強めた立場が見られることがある．ここでは善は，人間にとって正当でありかつ同時に規範的拘束力を持つものとして表明される．フィリッパ・フットやロザリンド・ハーストハウスといった現代のアリストテレス主義者は「善」のこうした解釈に基づいて，功利主義者がこれとはまったく異なる帰結主義的，快楽主義的前提に基づいて提起する洞察（2.2参照）を倫理学へ統合することを要求する．だがこのことによって新アリストテレス主義は功利主義と同様に，存在から当為への論

理的に不適切な推論としての自然主義的誤謬または記述主義的誤謬をいかに回避し得るかという課題の挑戦を受けることとなる．だが自然主義的論証を行っているアリストテレス主義および功利主義のいずれにおいても，この誤謬を回避することはできないままである．

　アリストテレスと結び付く徳倫理学の伝統においては今日に至るまで，「善」およびそれ自身を目的として振る舞いにおいて追求される「最高善」は，成功した生活構想全体における「善き実践」(エウプラクシア)または幸福(エウダイモニア)に恵まれた「善き生」(エウ・ゼーン)として推奨されてきた．しかしすでに示されたように，この推奨には弱い規範的解釈法が伴う．これに対し，義務論的倫理学においては善の強い規範的解釈法が見られる（2.2, 2.3, 2.4参照）．この倫理学モデルによれば，道徳的善は単に価値ある模範的なものとして推奨される（すなわち積極的に評価される）にとどまらず，規範的に正当なもの，道徳的に正統なものと見なされ，行為において命じられているものとして特徴付けられる．善の倫理的概念の強い規範的解釈法は，普遍的で万人の関与する道徳的義務付けが存在し，それによって人は自分自身および他の人に対して特定の作為不作為を，また特定の行為規則または行為格率の遵守を，条件付でまたは無条件に要求する（「条件付の義務」または「無条件の義務」）という道徳哲学的観念によって構成されている．第2章において導入された倫理学モデル，とりわけ功利主義的帰結主義のモデル（2.2参照）およびカントの義務論的倫理学（2.3参照）はそれぞれ，道徳的「善」の強い規範的理解における異なる解釈法を代表している．

　これらの倫理学モデルにおいて見出される，規範的に理解された「正当なもの」としての善の観念は，善の徳倫理学的解釈法に対抗して変更された用語法においても反映されている．倫理学史においてこのことが初めて明白となったのは**ストア派**においてであり，**アリストテレス**倫理学のいまだ知ることのなかった道徳的義務の果たす役割においてであった．この点において**トマス・アクィナス**の道徳哲学はストア派に依拠しており，そこでは善（bonum）はもはや単に推奨されるものとしてだけではなく，「為すべきこと」として定義されている．すなわちトマスにおいては善が新たに以下のように定義される．「善は為すべきことであり，悪は為さざるべきことである（Bonum est faciendum, malum est vitandum）」（この点に関してはとりわけヴォルフガング・クルクセンおよびル

ドガー・ホネフェルダーによる分析を参照).

　ここにおいてわれわれは，別の固有の（認識論的）前提から**カント**もまた主張している倫理学モデルに出会うこととなる．このモデルによれば，万人において働いている実践理性がみずから善を，万人の振る舞いに対して拘束性を持ち，規範的要求を行うものとしてのみ認識する．実践理性は人間の自由な意志に対し，善いと認識されたことを実際に行うべきであると告げるのである．これに対し，トマス・アクィナスは一方では，規範的に正しいと認識された善を，これが人間の生活を正しく形成し，道徳的にある程度まで完全なものとすることに寄与することから，評価的観点からつねに価値あるものと見なすアリストテレスの思想に依拠する．だが他方においては，善が評価的観点から価値あるものであるのはそれが倫理的観点から正当だからであって，逆に善が善であるのはそれが評価的観点から価値あるものだからではない．「善」と「正」は，このように論証を行い義務論的洞察を定式化する道徳哲学においては包括的実践理性の判断であり，たとえばヒュームのように道徳的洞察から切り離すことの可能な，戦略的手順を踏み道具的合理性と成り果てた単なる怜悧の判断に過ぎないのではない．「善」は「道徳的正」または倫理的に命じられていることとして規範的性格を持つが，こうした認識を提起するのは実践理性だけであるため，善および道徳的正は実践理性の洞察であることになる．ここにおいて道徳哲学は，広義の実践理性観念および，事実に反しさえする規範性への実践理性の洞察能力を前提とするにとどまらず，アリストテレスに抗して，理性と自由（カント哲学においては「自由意志」）を有する人間の，自律，すなわち規範的意味において自由に基づく「自己立法」に焦点を絞る理論をも前提とする．とはいえすでにトマス・アクィナス，ヨハネス・ドゥンス・スコトゥス（Johannes Duns Scotus, 1226?-1308）その他の著者における「規範的転回」に着目して，倫理学における自律の観念を論じることは十分可能である．

　このように考えるなら，カントの倫理学モデルにおいて善の概念がもっぱら「善意志 guter Wille」に関連付けられていること（2.3参照）は体系上なんら驚くべき帰結ではない．倫理学が探求するのは厳密な意味における道徳的正であるが，カントにとってこの観点からは，善は外的なものではあり得ない．それはつねに個別ケースにおける偶然の外的条件のもとに置かれ，挫折，失敗に終

わる可能性のある行為そのものではないし行為の目的でもない．またそれは倫理的帰結主義におけるように振る舞いの意図された帰結としての外的成功でもなく，さらには〔徳倫理学におけるように〕行為者の倫理的習慣，または徳の保持，善き意図といった性格の在り方でもない．そうではなく，善であるのは，もっぱら実践理性によって自律的に振る舞いの客観的法則を規則または行為格率の形で明示的に獲得する場合において，自由であると特徴付けることの可能な意志のみである．カントによれば，道徳的に正当なもの，すなわちわれわれを無条件に義務付けるものを洞察する実践理性の観点が，われわれの意志の動機となる場合においてのみ，人間の意志は単に自由であるだけではなく，本来の道徳的意味において善となる．すでに〔2.3において〕で示したように，カントはこの厳格に理解された思想に意志の「純粋性」という表現を与えている．意志のこの純粋性はカントにとっては，理性の認識するものだけを望むとされるいわゆる聖なる意志の場合にのみ備わっている．なぜなら能力心理学の観点から見て，このような意志はすでに，意志を担う理性とまったく同一だからである．だがカントによれば人間はこうした聖なる意志を持たない．聖なる意志は神に関連させてのみ想定することができる．人間の場合においては，道徳的に要求される意志の純粋性はもっぱら努力の結果として獲得されなければならない．

　すでに触れたように，カントのこの学説においては，卓越していると評価されるもの，実践において推奨されるもの，客観的価値または主観的価値選好に基づいて弱い規範性を持つ模範的なものとしての善から，強い規範性を持つ当為という意味での善への，善の倫理学的解釈法の転換が見られる．カントにおいては，実践理性によって認識された無条件に為すべきこととしての道徳的正以外には，道徳的善の観念を理解し解釈する仕方として容認されるものはない．カントは『人倫の形而上学の基礎付け』において，意志をもっぱら純粋実践理性の当為の洞察によって規定することを要求しているが，このことによりカントは，アリストテレスおよびアリストテレス以降の伝統において見られるような善の観念の内的段階区別を認めていない．カントは善の道徳哲学的観念を規範的正の観念へと隈なく転換している．とはいえそれは，彼が善のこうした解釈法に対し，道徳的正を理性的に行為するすべての存在者にとって同様に当て

はまる無条件の義務付けという意味において解釈する可能性に余地を与えていることによるものである．

　カントの読者にとってどうしても問われるべき問題は，比較的早い時期の彼の著作において道徳哲学の根拠付けのために与えられた上述のような道徳的正の解釈は，現実的にあらゆる観点で説得力を持つものなのか，ということである．その際，道徳的善の解釈が，価値の選択肢においてまた事実上保持されている徳において「模範的なもの」であるがゆえに推奨に値すると評価されるものから，「正当なもの」として強い規範性を持つと見なされるものへと変更されることの是非だけが問われているのではない．定言命法の教説における「人間の尊厳」原理の定式が示しているように，道徳的善がこのように規範的解釈へと変更されることそのものは，カントにおいては，倫理学原理の純粋に形式的な理解と結び付いているわけでは必ずしもなかった．むしろカントは，不偏不党の立場はそれだけでは最上の道徳原理として十分ではないということを指摘している．そこで，生活世界の文化的分断がグローバル化のもとでますます解消され，数多くの道徳的行為の文脈が重なり合う状況の中でわれわれが直面するさまざまな挑戦に，純粋に形式主義的に議論を進める道徳理論が正当に立ち向かうことができるかどうかを疑うことには十分な根拠がある．カント自身は後年の道徳論の著作『人倫の形而上学』において無条件の道徳的義務だけを取り上げているのではないため，彼はその時点ですでに道徳哲学の観点を拡張している（2.3, 3.2参照）．だが彼はここでも，自身の分析によって，振る舞いにおける正当なものには多様な行為類型や道徳的経験が含まれるという洞察に道を開いたわけではなく，その限りで以前の厳格な義務論的倫理学の観念に固執している．

　疑いもなく善の概念は哲学的倫理学の1つの中心概念ではあるが，中心概念そのものではない．すでに示されたように，倫理学はわれわれの行為，行為規則，格率および規範の道徳性（または道徳的正当性）の理性によって証明可能な基準を探求する．道徳的正が意味するものを哲学的倫理学において長きにわたって明示してきたのは善の概念である．それゆえ，この善の概念を断念することはできないしそうすべきでもない．

　その際注意すべきことは，善の概念に一面的に評価的解釈のみを与えてはな

らないということ，現代的な言い方をすれば，善の概念は主観的選好および私的な道徳的価値設定だけを表現するものであってはならないということである．その一方で，現代のアリストテレス主義におけるように（および別の仕方では功利主義におけるように）「善」に強い規範的意味を負わせ，かつこの意味において規範的に理解された善の観念を，人間の努力またはいわゆる「自然的関心」といった人間本性に関する何らかの想定と結び付けるならば，ただちに根拠付けの論理において自然主義的誤謬または記述主義的誤謬という問題に直面することとなる．そうすると最悪の場合，倫理学は人間の客観的に表象された財，目標，関心，または願望を道徳的正の基準とする危険に陥る．そしてこのことが意味するのは，倫理学が他律的特徴を帯び，トマス・アクィナスからカントに至るまでの伝統において定式化されてきた自由の可能性を存続の危機に立たせるということである．

このような〔規範的意味での「善」を人間の自然本性と結び付けることによって自然主義的誤謬に陥るという〕困難な状況を回避するために，善を道徳的正の意味においてもっぱら規範的に理解し，かつ同時に善を純粋に形式的に規定することが提案されてきた．カント的視点のもとで表明されてきた倫理学の根拠付けの多くはこの道を歩んでおり，討議倫理学もまたこの論証に従っている．だがすでに示されたように，カントの道徳哲学はこれとは異なる解釈にも十分余地を与えている．最も顕著な例として，カントが定言命法の定式において人間の尊厳原則を提示していることが挙げられる．ここで取り上げられているのは普遍的に妥当する無条件の義務であり，これは理性の自律の原理を他律的に制約するものではないが，だからといって無規定で純粋に形式的または空虚であるわけではなく，われわれの道徳的振る舞いを内容上一義的に規定し得る．カントは実質的義務への理性的で普遍的な，無条件の妥当性を要求する倫理的洞察を定式化しているのである．振る舞いへのこの命令は，われわれの振る舞いを複数の行為領域において，一対一対応の形でかつ実践的に有効な仕方で道徳性の観点へと方向付けるのに適している．

そこでカントのこの洞察から出発して，道徳的正という意味における善の概念をより広義の形態で解釈することが可能である．そのように解釈した場合，「善」は推奨に値すると評価されるものであるにとどまらず，規範的に義務付

けるものでもあり，なおかつある観点からは，正義に適うもの，すなわちつねに無条件に規範的に命じられるものでもあることが明らかとなる．この提案は体系上，善の統合的解釈法に従っており，この解釈法は行為において遂行されるべき正として善を規範的に解釈することから出発し，このように理解された規範的正は同時にまた，卓越し模範的であって，また道徳的価値を有し重要であると認識される振る舞いでもあると主張する．善へのこうした重層的な性質付与は——伝統的なカント解釈に抗して——振る舞いにおける道徳的なものの視点を拡張することによって可能となる．このことに対応して，振る舞いにおいて道徳的正当性の認識を可能にする4つの方法を，その認識に対応する4つの倫理学的解釈に即して区別しなければならないであろう．

(1) われわれが行為において道徳的に正当なものを認識し倫理学的に解釈することができるのは，われわれにとって，および／または他の行為者にとって評価的意味において卓越し，かつその意味で道徳的に善いものとして，われわれが道徳的正を認識することによってである．それはわれわれが特定の振る舞いを道徳的に優れまた価値があると認識する限りにおいて可能となる．そのような行為は他の行為者にとっても方向付けとなり得る模範であり，次のような道徳的洞察に基づいて有益な助言となり得る．「今ここでこれを行う／行わないことは，十分な根拠をもって推奨され，得策でありまた正当である．」

(2) われわれが道徳的正をわれわれにとって，また場合によっては他の行為者にとっても規範的意味において正当化されており，かつその意味で道徳的に善いと認識し得るのは，特定の行為がわれわれに与えられた個別状況に関して，かつ「私は（また場合によっては他の人びとも）今ここでこれを行わなければならない／行ってはならない」という道徳的洞察に即して，この状況にとってのみ単独でかつ条件付で命じられているためである．

(3) われわれが道徳的正をわれわれにとって，または他のすべての行為者にとって規範的意味において正当化されており，かつその意味で道徳的に善いと認識し得るのは，特定の行為がこの状況およびあらゆる類似の状況に関して，かつ「私と他のあらゆる人びとは今ここで，またあらゆる類似の状況

においてこれを行わなければならない／行ってはならない」という道徳的洞察に即して，相対的に普遍的にかつ条件付で命じられているためである．
(4) われわれが道徳的正をわれわれにとって，または他のすべての行為者にとって規範的意味において正当化されており，かつその意味で道徳的に善いと認識し得るのは，特定の行為が想定し得るあらゆる状況において，かつ「私と他のあらゆる人びとはつねに至る所で，例外なく無条件にこれを行わなければならない，またはいかなる行為状況においても決して行ってはならない」という道徳的洞察に即して，普遍的にまた例外なくつねに，すなわち無条件に命じられているためである．

　道徳的に重要なものおよび行為における正に関するこれら4つの解釈法および可能な経験には，道徳的善の4つの倫理学的解釈法が対応する．第1のものには(1)道徳的善を推奨に値する得策と見なす評価的解釈が，第2，第3，第4のものには道徳的善を命じられているものと見なす規範的解釈が，それぞれ対応する．

　道徳的善の規範的正当化は3種類ある．(2)私を今ここで単独かつ条件付で義務付けるものの認識，(3)万人を今ここで相対的に普遍的にかつ条件付で義務付けるものの認識，(4)万人をつねに至る所で普遍的にかつ無条件に義務付けるものの認識，である．規範的に命じられているものの程度は，第2から第4の解釈にかけて，弱い条件付の当為から強い無条件の当為へと上昇する．

　道徳的善を規範的正と見なす第3および第4の解釈はそれぞれ，道徳的正義の定義に該当する．なぜなら正義の理念には必然的に義務の普遍性の観念が属しているからである．この規定によって，為すべきことまたは為さざるべきことにおいては同時に，普遍的必然性および道徳的正統性が帰するということが表現されている．一方，道徳的善の両解釈は以下のように区別される．すなわち，第3の場合においては相対的に万人に命じられていること／禁じられていることがその都度条件付で妥当し，したがって相互に比較可能な特定の状況に関して妥当するための特殊な条件に関連付けられているのに対し，第4の場合においては命じられること／禁じられることは例外なく普遍的に妥当し，いかなる特定状況にも依存しない無条件の道徳的義務を指示するものである．〔第

3の場合は「相対的に普遍的かつ条件付の義務付け」であるのに対し〕第4の場合は「普遍的かつ無条件の義務付け」と表現するのが適当であろう．

　正義のこの概念は，アリストテレスに依拠する徳倫理学における正義観念とは異なる正義観念を志向している．アリストテレスは正義を最上の倫理的徳として特徴付け，これを，事実上万人が有用なものを追求することは明らかであるという理由から，万人にとっての有用性としての共通善 (bonum commune) と結び付ける（3.2参照）．現代的表現では，正義とは万人の事実上の関心の対象となるものを先取り的に想定したものである．この関心が人間の類としての客観的本性として想定されたものから導き出されるか，それとも実際の主観的選好を経験的に観察しこれを一般化することによって導き出されるかはほとんど違いがない．すでに示されたように，倫理的功利主義はこの先取り的想定を直接に規範として用いている（2.2参照）のに対し，討議倫理学においては，万人の関心の対象となるものの比較考量という発想は，基準が倫理的規範として同意可能であるか否かの証明を介して再び登場する．一方アリストテレスにおいては，正義の徳の共通善への方向付けは万人共通の欲求努力の性質と内的に結び付いている．

　これらいずれの提案においても，万人の欲求努力，関心，幸福という事実または想定から，行為への普遍的かつ理性的に根拠付けられた要求すなわち規範としての資質をいかに導き出すべきかということは十分根拠付けられないままである．だが倫理的（自己）省察の任務はまさに，万人がさまざまな強度と選好において事実上有する関心を正当性の観点から批判的に考察することにある．このことは普遍的とされる関心にも当てはまり，それは詳細に見るならつねに部分集合であって，相対的な証言力を有するにとどまる．その限りにおいて，対立する利害関心において明らかとなるように，あらかじめ想定された普遍的関心も含め，関心の次元に依拠することはそれだけではいまだ，規範的意味における「為すべきこと」の妥当根拠の洞察を可能にするものではない．当然のことであるが，関心によって述べられるのは「為すべきこと」ではなく「したいと望むこと」であり，これはつねに主観的である選好の表現ではあっても，それだけですでに規範的正の表現となるわけではない．

　これに対し，すべての行為者に対して相対的に普遍的にまたは普遍的に，条

件付でまたは無条件に命じられている／禁じられていることという意味での，ここで提唱される正義の概念を構成するのは，規範的正の主要特徴である．正義に関する倫理的に反省された言論は，作為不作為がすべての行為参加者に対して要求されていること，それが明白な普遍的根拠に基づいて——場合によっては事実に反していても——正当化され，したがって万人の要求するところともなり得るということに基づいているのでなければならない．そのように理解された正義の概念には，普遍的に要求される規範的正として解釈された善の概念が結び付いている．そしてこの場合においても，善の観念との普遍的連関を解消しないのが目的に適っているということが示される．というのは，正義が人間に固有の認識および意欲に由来する限り，正義もまた道徳的意味において善であり得るからである．すなわち正義とは，行為におけるわれわれ人間に特有の実践的認識としての，われわれすべてを例外なく対象とする行為の義務を表現したものである．したがってハーバーマスの討議倫理学におけるように(2.4参照)，正義と善とを過度に厳密に区別することにはそれほど意味があるようには思われない．

　すべての行為者に命じられる／禁じられる振る舞いとしてのこの道徳的に根拠付けられた正義の観念は，法的に命じられる／禁じられることの概念からは区別されなければならない．道徳的に命じられる／禁じられることの観念を道徳的正統性の領域と称し，法的に命じられる／禁じられることを法的正統性の領域と称することもできよう．後者は外的な実定法秩序において具体化されることを目指し，この法秩序はとりわけ規範の貫徹のために外的強制手段を使用することが可能である．このような法的正統性を実定法に準拠させること，およびこの実定法の体制こそが，法を道徳から区別するものである．

　正義に適う（または正統である）法を不正である可能性のある（または不法な）法から明確に区別することは日常的に行われているのに対し，実定法秩序の基礎は道徳的根拠を持つ正義の観点からあらゆる側面においても区別することが可能であるわけではない．そこで——ここでは詳細に論じることはできないとはいえ，省察をやや深めるならば——法に服する人びとが同時にまた当該法の制定者でもなければならないということが，正義に適う法（すなわち正統な法秩序）の証であることが明らかとなる．このことの帰結として，正義に適う法は民主

的または共和的法秩序においてのみ想定可能となる．

　実定法を倫理的に反省された正義の観念においていかに根拠付けるかという問いは，法哲学および政治哲学に加えて，法実務および政治的行為においても基本的意義を有する．このことを少なくとも試論として明確化するために，以上のような指摘で満足することとしたい．

[練習問題]
1．カント哲学における善の概念のさまざまな意味を分析し，それぞれを比較してみよう．
2．カントは彼の倫理学モデルにおいて，善の概念についてどのような新たな解釈法を提起しているだろうか．
3．道徳的に正当なものとしての善の概念についての，本章で提起した拡張された統合的な解釈法に対して，自身の見解を述べてみよう．
4．道徳的に正当なものとしての善の概念は，正義の概念とどのような関係にあるか．

❿ 善，正，正義

　「善い」という語の用法を分析すると，副詞としての使用と並んでまずはこれを形容詞としての使用の観点から理解することが可能であることが分かる．この意味で「善い」とされるのは，その担い手によって表明される特定の積極的性質である．

　「善」の語の日常的用法は，哲学の語法の影響を受けている．そこでたとえばプラトンは「善」を「最高のイデア」にして「最も現実的なもの」として特徴付けた．「現実的であること」と「善くあること」とがここでは両立可能なもの，それどころか交換可能な概念として用いられている．ここから理論哲学の歴史においては，「善」の概念によって特殊な「存在の充実」が述べられ，その対極である「悪」によって特殊な「存在の欠落」が述べられることになる．

　現代倫理学の中で，たとえばアリストテレスに依拠する自然主義的倫理学の提唱者においては，「人間にとっての善」という意味での善に関する規範的言説が見られる．フットやハーストハウスらは道徳の基盤と人間本性の規定との間に関連性を見出すが，この関連性が解消されるや否や，倫理学は道徳的正へ

の問いに対し理性的で有意味な回答をみずから与え得るための基盤を失う危機に直面する。だからといって当該倫理学における善に関する言説が規範的意味を失うわけではないが、その一方で人びとにとって適切で容認しうるものの意義については、この規範的意味は徹底して段階的な、変容された形態をとる可能性がある。このことはアリストテレスおよび彼に後続する伝統においてすでに見られることである。

人間にとっての善の規範的解釈法によって、分析哲学における現代のアリストテレス主義の提唱者たちは、古典的アリストテレス主義者とは異なり、自身の倫理学において功利主義の中心動機を取り入れることが可能となり、しかもその際、功利主義における上述の未解決問題（たとえばミルにおける効用原理および快楽主義原理の不十分な根拠付け）を引き受けることはない。だがその際、（功利主義にも当てはまる）さらなる問題としての自然主義的誤謬または記述主義的誤謬をいかに回避するかという問題は依然として不明確である。

倫理学史においては善の概念の多様な解釈がある。アリストテレスにおいては第一義的に評価的な解釈が見られるが、ここでも現代のアリストテレス的倫理学の提唱者が同意するであろうような弱い規範的解釈が働いていることを見逃すわけにはいかない。だが体系的根拠から、善の評価的解釈法を善の規範的解釈法から区別するのが適当であろう（後者は倫理学の義務論モデルにおいて見られる）。

カント倫理学は、善の概念を「規範的正」すなわち厳密な意味において「為すべきこと」として解釈するが、これは善の厳密に規範的な解釈の模範例となっている。カントによれば、われわれ人間に関して「善」の概念は、「純粋に」われわれの実践理性およびその自律によってのみ規定され、われわれに行為の道徳法則を与えまたこれを推論させる権能を有する意志に対してのみ用いることが可能である。カントの著作を詳細に分析していくと、彼の倫理学、とりわけ徳論は、当初〔『人倫の形而上学の基礎付け』『実践理性批判』等において〕強調されていた、道徳的当為の純粋性または形式性を厳格に固持しているわけではないことが分かる。カントは道徳的要請の説において目的を含むより広い道徳規定を導入しており、このことによって彼自身の倫理学の観点から、善を人間にとって道徳的に正当なものとして解釈する他の伝統との橋渡しが可能となる。こうして、人間の尊厳（および人権）に関する無条件の道徳的命令を体系的に哲学的倫理学の中心に据えることが可能となった。

3.4 自由と責任

　本書で行為概念を導入した際〔3.1〕，行為現象そのもの，行為主体および行為計画の関連が明らかとなった．行為計画においては行為意図，行為目的，行為格率，さらには行為手段といったさまざまな側面がともに働いている．前章では，それらが道徳における善，正，および正義への倫理学的問いに対して有する意義について検討した（3.3参照）．その際，「そもそも行為は自由および洞察（「理性」）によって遂行されるのか，またこのことと関連して「自由」とは実践上，すなわちわれわれの行為に関して正確には何を意味するのか」，という問い〔第1の問い〕への答えは，倫理的観点からきわめて重要である．というのは，行為がとりわけ行為者自身の視点から自由であると経験されるのではないとすれば一体，われわれがここで出発点としている道徳的行為というものをいかにして考え，かつその道徳的行為を実現することができるであろうか．ここで第2の問いは，「行為者のこの自己経験がいかなる権威を有するか」である．いずれの問いも道徳的正の観点，とりわけ善の規範的解釈法を規定するうえで中心的意義を有する．ところで，そもそも行為者自身に資格を与える理性および自由に依拠しないならば，一体振る舞いとは何であろうか．こうして第3の問いは，「実践的自由の概念に依拠することができないとすれば，いかなる意味において行為者においては，自身の行為の道徳的帰責が可能となるであろうか．そして，誰かが自身の作為不作為に対して責任を負うとは何を意味するのか」である．これらの問いに取り組むことを通じて，自由概念から責任概念への架橋を簡潔に試みることにしよう．

　行為の叙述（3.1参照）においても，また他の行為者との協力関係において振る舞う際の日常経験においてもわれわれは，自己の実践が意識的に行い目的を志向する行為から成り立つのであり，必ずしもそれを計画に従って遂行するのではない場合においてもこのことが当てはまると想定している．これは十分に根拠のある想定である．この考え方は以下のように理解することも可能である．すなわち，われわれは行為主体としての自分自身の実践によって初めて，特定の性質（たとえば倫理的徳）の主体にしてその担い手としての自己理解を得るの

である，と．

　その際われわれは，外部から規定されたまたは強制された行為，すなわち基本的に自由ではない行為と，われわれ自身によって開始された行為とを区別することを実によく心得ている．行為が外部から規定し尽くされることがないからといって，その行為がすべて無制約的に自由であるというわけではない．おそらくこうした無制約的に自由な行為というものはごくまれにしか存在しない．というのは，行為は通常，所与の規定された状況において生じ，その状況をわれわれは規定することも変更することもできず，むしろそれはわれわれに特定の観点においてあらかじめ与えられ，われわれはそれに対して少なくとも適切に対応するより他はないからである．同様のことは，われわれが行為を協力者の行為計画，行為意図および行為戦略に向ける場合にも当てはまる．つまりわれわれは一方において行為者として同時に，自分の選んだものではない，さまざまな意味において少なくとも短期的には変更し得ない，端的にあらかじめわれわれに与えられた条件によってつねに限定され，条件付けられている．だが他方においてわれわれは，全体の強制および外部の統制に完全に服しているのではない場合において，一定程度において外的影響から独立して，すなわち一定の限界内において目的および手段の選択において自立して行動し，その際，自己自身の意図，計画，動機および洞察に従うことが可能であると理解している．こうした文脈の中で，実践的経験の出発点における自由について語ることが可能となる．

　このような経験の解釈に際して，実践哲学においては2つの形態の自由が区別されてきた．*消極的自由*は，行為が一定程度まで外的影響または物理的強制を受けずに遂行されるという点に特徴を持つ．そこで消極的自由は，とりわけ他の行為者によってもたらされる行為の障害が存在しないこととして定義される．これに対し*積極的自由*は，行為者が行為において自身の洞察，たとえば根拠の正当性への洞察において，さらには自身の選んだ目標または計画に従うという点に特徴を持つ（この点についてはとりわけバンジャマン・コンスタンまたはアイザイア・バーリンの所説を参照）．自己立法（または自律）はカントが初めて倫理学の中心概念として着想したわけではないが，この自己立法は自己を規定する積極的自由の1つの表現方法に過ぎない．実践的自由のこの解釈法によって自由

概念におけるさらなる局面が言及され，これをわれわれはカントに依拠しつつ行為の自由と意志の自由とに区別することができる．意志の自由は他の人びとの意志または内的強制（すなわち「他律」）からの自由であるが，この広義の自由からは，行為の複数の可能性または所与の行為目標の可能な選択肢に限られた余地しか与えられていない場合の選択意志の自由は区別することができる．行為の自由は，一定の空間および時間において外的活動をみずから開始するという行為者の能力を意味するのに対し，意志の自由は，内的自己決定によって行為計画，意図，格率または選好を選択しまた変更するという，外的活動を行う存在から概念上区別される意志主体の能力を前提としている．

哲学的倫理学の歴史の中で積極的自由がとりわけ力強く体現されているのは**ソクラテス**（BC.469?–BC.399）の人格においてである．彼の自由の理念が頂点を極めるのは，彼が外的法律および国家権力に対峙した際においてである．彼はその際，逃亡のような外的行為によって不正な判決から逃れることをしなかった．そうではなく彼は逆説的にも，外部から下された不正な死刑判決を受け入れることによって，彼の自由を道徳的・実践的に証明したのである．プラトンはこの経緯を記すことによって，消極的自由が制約されている中での積極的自由を描き出している．つまりソクラテスは，選択意志による選択の自由を超え出る意志の自由の実在性を，行為によって証明したのである．彼はわれわれに対し，行為主体は自己決定を行う自由な道徳的存在者であること身をもってを示しているのである．この証明が衝撃的であるのは，ソクラテスが彼の身体的自然存在を命じられた自死によって消し去ることによってのみ，自由な道徳的存在者であり得たという点にある．

この事例が示すのは，ソクラテスの自由が社会・政治状況によって極度に制約されてていたため，彼の行動には消極的自由が備わっていなかったということでもある．もっとも彼の行動は，あまりにも組織立てられているがゆえに選択の余地を残すことのない外的強制に服していたというわけではなかったが，今日の政治哲学の文脈においては，ソクラテスの証明した意志の自由は他の人びとの選択意志からの外的独立性という意味における自由を含んでいなかったということになる（「非支配」としての自由の理論に関してはフィリップ・ペティットの所説を参照）．

アリストテレスの倫理学においては，人間の振る舞いの分析において実践的自由の観念が前提とされている．彼はこれを選択の自由または選択意志の自由という意味における行為の自由として理解している．それと同時にアリストテレスによれば，われわれは善き人となるための性格の徳を発達させる自由を有している．その際彼は自律（アウトノミー）としての自由ではなく，自足（アウタルキー）としての自由，すなわち行為者の自然的欲求努力における自己保存の追求に依拠している（2.1参照）．

　ストア派の哲学者らは，一方においては思弁的な宇宙論的決定論を支持しており，それによれば宇宙の秩序において生じるすべての事柄は永遠の法則（ギリシア語；logoi，ラテン語；leges）によってあらかじめ決定されているという．この法則は善悪を問わずいわばわれわれの逃れることのできない運命を決定する．他方において彼らは，倫理学において運命の盲目的な行程に対抗する徳倫理学を打ち出し，義務論的定式を持つ無条件の義務に忠誠であることによって内面的に満ち足りている人だけが道徳的に正当に振る舞うとした[9]（セネカ，マルクス・アウレリウス）．この倫理的洞察は非決定性（または消極的自由）の余地を前提としていることは明らかであり，そうでなければわれわれはいかなる選択もなし得ないことになるであろう．

　アウグスティヌスの自由意志（liberum arbitrium）の理論，**アベラール**（Pierre Abélard, 1079-1142）における人間の内面性および行為者の意図の発見，さらには中世における**トマス・アクィナス**および**ドゥンス・スコトゥス**による個人的良心の権威と道徳性の理論（彼らは実践理性の知としてのsynderesisと，個々人の良心の判断としてのconscientiaという良心の二重側面を指摘している．2.4および3.1を参照）を介して，**カント**は彼の倫理学において人間の自由の理論を根拠付けた．その中心には，理性の洞察によってのみ規定される，実践理性と善意志の自由な自己立法としての自律の原理がある．

　だがカントの著作を繙くと，実践理性の自律および意志の自由の理論が，理論哲学においては問題に直面することが分かる．すなわち，物理現象の世界においてはまさしくこの自由の哲学的理念が——ニュートン物理学の原理に従って——正当な場所を占めることができないのである．こうした状況からカントは一方において，人間の自由をめぐる言説を実践理性の認識領域に限定せざるを得なくなり，かつ他方において，因果法則によって決定されていると考えら

れる物理現象の領域においては，自由とは「ある状態を自ら開始する能力」を意味すると言及するにとどめた（カント『純粋理性批判』B 561）．

　この見方では，理論哲学は近代科学の法則・経験概念の文脈においては，自由概念によって体系的な問題に直面し，この問題は自由を自然研究の経験的パラダイムに結び付けることによってはおそらく解決することができない．この問題は記述的アプローチを行う理論哲学の方法論的前提に関して，より詳細に論じられなければならないであろう．しかしここではそれは不可能であるため，むしろメタ倫理学の観点から以下のことを指摘するにとどめておきたい．すなわち，意志の自由の理論は，理論哲学においては「心の哲学 (Philosophy of Mind)」に見られるように，現在では非常に論争の余地のある問題設定に属する．単純に言えばここでは論争は，両立論と非両立論とに分かれて行われている．両立論によれば，人間の実践的自由を想定することは，世界のあらゆる物理現象が隈なく因果的または自然法則的に決定されているとする（物理学においてさえ疑われている）決定論の想定と両立可能であるとする．このことに否定的見解を示すのが非両立論である．その際，非両立論者の中には，自由の理論的可能性を擁護するためには，あらゆる出来事が隈なく因果的または自然的に決定されているとする理論を否定しなければならないと主張する人びと〔「非決定論」者〕が一方におり（この見解では偶然性が自由の占める場となる），他方には，自然因果性に関しては自由を理論的に想定することは不可能であると主張する人びとがいる（いわゆる不可能論の立場がこれに当たる）．

　理論哲学の内部で展開されている議論はいくつかの誤解と狭隘化を抱えているが，ここではこの点について詳述することはできない．ここでは哲学の観点から目に留まる4つの問題点だけ指摘しておきたい．

(1) 少なくとも幾人かの提唱者の支持する自然主義の疑似世界観の問題がある．この立場は哲学的にも科学的にも十分な吟味を経ていない公理を出発点としている．
(2) 哲学の問いに対して無媒介に経験的自然研究の手続きおよび結果によって回答すべきであるとする方法論の問題がある．それは脳神経科学のモデルを哲学的認識論の議論へ持ち込むことに顕著に現れている．

(3) 哲学内部の存在論の問いを「心の哲学」によって解決しようとする試みは，いくつかの根拠から信頼に値するとは言えない．この議論においては，とりわけ方法論の観点からの説明が明らかに欠落している．
(4) 自由概念は要求事項が多いため，偶然性の概念と混同することはできない．両概念はまったく異なる事柄に関与する．

だが他方，少なくとも両立論者と非両立論者の中に，不可能論者とは異なり自由の可能性を理論的観点から原則的に否定するのではなく，現象世界が隈なく自然法則によって決定されているとする自然科学的公理を認めず，その限りで以下の点において意見の一致を見ている人びとがいることは注目すべきである．すなわち，それぞれ異なる論拠によってではあるものの，自由概念の弱い解釈としての「行為の自由」は考えることができるしまた擁護することもできるとする点である．この行為の自由は実際の議論においては「自己決定としての自由」の名のもとで表現される．だがこのように理論的に解釈された自由は，カントにおける実践的概念としての自律および意志の自由からは区別しなければならない．

こうした議論状況を背景とするなら，理論哲学において意見対立が実質的に解決したわけではないものの，「自己決定としての自由」を想定することは少なくとも弱い理論哲学的解釈法においては普遍的に同意可能であるように思われる．その際，人間の振る舞いに関し，消極的自由と積極的自由という上述の2側面には十分な考慮が払われなければならない．というのは一方において，理論的態度において人間の振る舞いに関連付けられる自己決定としての自由の概念は，外部の決定または強制が3人称の観点から見て存在しないということによって自由を定義しているからである．さらに他方において，自己決定としての自由は，行為者を行為計画，表明された根拠および明示された意図に従う因果系列の開始者と見なし，行為をその行為者によって事実上もたらされた帰結として特徴付けており，その際，純粋に理論的な3人称の観察者の観点から，当該行為を行為者へと因果的に帰することが可能であるからである．

両立論の立場は，理論的観点からは世界の出来事が隈なく因果的に決定されているとする存在論を支持し，非決定論を理論的立場とすれば自己決定として

の自由の想定に余地を与えることができないという見解を出発点としている．この因果的に導き出される決定論という理論的主張とは異なり，非決定論の立場は出来事が隈なく因果的に決定されているという想定の代わりに偶然性が働いていると主張する．

　この〔偶然性を擁護する非決定論の〕想定から，自由な行為という多くを要求する観念を理論的に復権させるということが直接的に帰結するわけではない．そこで両立論の支持者たちは非両立論者を非難して，世界の出来事は因果的に導き出され，決定論的に解釈され得るとする理論的立場からのみ，行為者がまさしくこの物理的世界において自己の行いをいわばみずから決定するということの可能性を哲学的に想定することが可能となる，と主張する．両立論者たちにとっては，行為とは行為者の実践的意欲，選好および行為意図の帰結であり，行為者の意図および選好は，それら以外につねに同時に，観察者の観点から完全には突き止めることのできない他の諸要因が外的行為を規定している場合においてもなお，行為をもたらす因果的決定要因であると理論的に解釈される．このことは一方では，行為が行為者自身によって，また他の諸要素によって完全に因果的に決定されているとする存在論的解釈を取り消すわけではない．他方，この説明図式においては，自由はある種の自己決定性，因果的自己作用として理解しなければならない．その際，両立論の理解に従うなら，行為に対し因果的作用を及ぼすあらゆる先行条件については十分な知識を手に入れることができないということを認めなければならない．行為の因果的決定のこの解釈においては，行為者の自己決定という意味での自由が行為の原因に属すると見なされることになる．

　自由概念の地位および内容に関しては，理論的・物理的決定論の賛同者としての両立論者も，非決定論の支持者もともに，自己決定としての弱い自由概念においては一致しているということを確認しておかなければならない．もっとも自由の可能性および現実性をめぐる議論は，理論哲学においては満足な解答を得ることはできないのではあるが．だが注意すべきことは，ここでいう自己決定の概念には，事柄の性質上，カントの実践理性および意志の自由の観念とは区別すべき解釈法が与えられるということである．すなわちカントはまさしく，道徳的に行為する人格としての人間の非経験的性格，すなわちカントの表

現を用いれば可想的性格を示唆している——これはわれわれの倫理学理解に即して，自己の振る舞いの道徳的正当性を得ようと努力する行為主体の参加者の視点からのみ追体験することが可能である——のに対し，ここで簡潔に紹介した，自己決定としての自由という両立論者の主張する観念は，観察者の理論的観点を拡張することを目指している．行為者が自身の行為を「引き起こした者」であることは，外部から確証可能であるはずだ．〔行為の〕こうした記述の方法的前提に従えば，このケースが成り立つのは，(1) 当該行為者が外的強制に従って行為しているのではない場合（これは自由の消極的側面に該当する），および (2) 当該行為者の行為計画，行為願望，行為意図が道具手段や部分原因のように行為遂行の決定に対して因果的に作用する場合（これは自由の積極的側面に該当する），である．自由概念のこのような理解は，因果的に導き出される物理現象の世界に関する理論においても，行為遂行，行為者および行為計画の構成的連関を考えることをともかくも可能にする．しかしながら，自己決定としての自由の観念においては，道徳的正当性への倫理学的問いにとって中心的な，行為者の観点への1人称および2人称におけるアプローチは方法上閉ざされたままであると反論することが可能である．そこでこの種の自由概念を，物理主義的性格を有する存在論の地平における自由の「弱い」理論と称することもできよう．だがこれは私の見るところ，説得力のある哲学的論証を欠いている．カントの自律理論は，倫理学的問いの根拠付けに対し，行為の道徳性または道徳的正当性の観点に即した答えを与える実践原理を表明している．この答えは実践的学問としての倫理学の要件に対応している．これに対し，自己決定は外面上同じ自由概念ではあるが，これによって与えられるのは，空間および時間における外的現象に関する因果作用の要素を記述的に規定するもの以上でも以下でもないのである．

　そこで少なくとも（とりわけ法実践に関して重要なことだが）観察者の視点（たとえば社会科学者の視点）からプロトコル命題[11]の形で行為を（またその帰結を）記述的かつ一義的にその行為を始めた者に帰属させることは可能である．そしてこの〔帰属という意味における〕自由の観念にとっては，行為者が具体的な行為状況において行為の選択肢を実際に意のままにすることができるという想定すらまだ不要である．そこで哲学的倫理学の省察においては，帰属の概念は社会科

学および法学においても重要な機能を引き受けることの可能なメタ倫理学的概念であることが示される．

　行為を記述的意味において行為者が為したものと見なすという意味での帰属の概念から区別しなければならないのは，行為の帰責（ラテン語；imputatio）の概念である．というのは，行為の帰属の概念とは異なり，帰責の観念は行為者の側に特殊な能力，すなわちカントが詳述しているように理性的存在者に「道徳法則のもとで」内的自由によって固有に備わる「帰責能力」を想定しているからである（カント『人倫の形而上学』法論への序論，AB 22参照）．帰責概念のこうした理解によって，カントは彼の実践哲学において，記述的な帰属の概念における単なる観察者の観点を超えて，行為者の道徳的功績または道徳的罪責の可能性を，自由の理論的・記述的概念ではなく，道徳的・実践的概念に基づいて要請している．

　自由のこの理解は，倫理的概念としての責任（responsibility）の概念的準拠枠ともなる．責任の概念においては特定の行為主体に対し，規範的に理解された課題，任務，または義務が割り当てられる．これらは，それだけですでに道徳的意味で定義されているわけではない特殊な行為状況および責務から生じる．語源的にみると，責任の概念はおそらく，ある種の審判を前にして弁明し，回答しなければならないという特殊な状況から導き出されている．この審判にとって前提となるのは，要求された作為不作為に対する説明をこの審判が求めることが許されているということ，すなわち誰かに「責任を問う zur Verantwortung ziehen」ことができることである．その限りにおいて責任の倫理的概念には，不平等の要素が，または少なくとも社会的に異なる使命を有する役割の要素が含まれている．責任を認識している人は，他の人を前にして何らかの仕方で自身の行為の説明を行うよう義務付けられているのである．

　責任倫理の定義は社会学者**マックス・ヴェーバー**に由来する．彼は第1次世界大戦終結に際して，政治または職業政治家の公的任務を，心情倫理と彼の名付けた態度と区別して厳密に規定することを意図して責任倫理の概念を導入した．哲学者**ハンス・ヨーナス**（Hans Jonas, 1903-1993）は（ヴェーバーとはさらに異なる現代の状況のもとで）技術文明の顕著なエコロジー的危機に直面して少なくとも人類の存続を保障するための手段として，倫理的な「責任という原理」が

必要であると主張した（現代の応用倫理学の新たな試み，とりわけ環境倫理学はこの方向に沿っている）．

　こうしたことを背景に**ハンス・レンク**（Hans Lenk, 1935-）は，特定の人びとに対する関係における行為義務および説明義務を割り当てる規範的概念として責任を定義している．この定義において責任の概念は5種類の関係を示唆している．すなわち，誰かは何かに対して，相手方に向き合って（または誰かを前にして），規範的基準に関して，特定の行為領域または責任領域の枠の中で責任を持つのである．この責任の観念においては，帰責および権限，人びとの社会諸関係，（法的，道徳的その他の種類を問わず）規範的義務，および行為関係者の正統な期待が相互に密接に結び付いていることは歴然としている．そのため，このように差別化された責任の諸領域は，まさしく複雑な行為連関の参加者または協力者の観点からこそ生じることになる（ハンス・レンクの場合においてはハンス・ヨーナスの場合とは異なり，このことの根拠は実践的自由および公共的理性にある）．さらにこのように定義された責任概念の内部においては，行為の文脈に応じてさまざまな帰結をもたらし得る狭義の行為責任，説明責任および賠償責任を区別しなければならない．この概念区別によって，責任概念を各々の異なる領域に応じて適用することが可能となり，政治的責任または学問の責任について論じることも可能となる．

　倫理学において責任概念は，第一義的には行為の任務および説明の任務の割り当てと結び付いているが，それは倫理学のいかなる根拠付けまたは基礎付けとも結び付いていない．このことの帰結として，行為者の実践的自由，公共的理性，正当化能力および帰責能力という条件下で道徳的，法的または社会的に定義された行為の空間という前提を欠いたならば，責任の倫理的観念を根拠付けることはできない．

　われわれは実践的自由概念を行為者の参加者としての観点から規定したが，これは現代の複雑な社会においてもあくまでも道徳的に重要な行為責任および説明責任に関してであり，逆にまた責任について論じる場合には，行為参加者の視点から定式化された実践的自由の観念が前提とされている．責任概念によって明らかになるのは，最終的に責任の担い手となるのはつねに個々人または個々の行為主体であり，そのことは責任の割り当ておよび引き受けがつねに

社会的文脈において行われるとしても変わりはないということである．行為者は誰でも，自身の行為およびその帰結，さらに場合によっては自己の信念，態度，徳に対しても責任を引き受ける．この責任は，われわれが道徳的重要性を認識し，道徳的に正当なものを規定するさまざまな仕方に応じて，倫理的にも異なる仕方で，広くまたは狭く，規範的拘束力を持つ形でまたは拘束力のより少ない形で定義され得る．責任の種類または射程の違いを反映して，道徳的に重要な事柄も異なる様相を呈する．

【練習問題】
1. 近年の哲学的議論における自由概念のさまざまな理解の仕方を分析してみよう．
2. いわゆる両立論と非両立論との間の対立から，哲学的倫理学にはいかなる成果が得られるだろうか．
3. 「帰属」「帰責」「責任」それぞれの概念の意味を分析し，かつ，哲学的倫理学の基礎付けのためにそれぞれの持つ意義を検討してみよう．

❶ 自由と責任

　われわれが特定の性質の主体および担い手であるという自己概念を獲得するのは，われわれが行為を体験することによってである．われわれは振る舞いにおいて，他の行為者に完全に依存しているのではない場合に，または行為を外的状況によって完全に規定されるのではない場合に，消極的自由を経験する．これに対し，われわれの振る舞いが自己自身の意図や計画，動機や洞察によって方向付けられる場合に，われわれは積極的意味において自己決定を行い，積極的自由を経験する．自由の経験の広範な領域が，行為の自由，意志の自由，選択意志の自由といった概念によって表現される．
　哲学（倫理学および政治哲学）の歴史においては，人間の自由の概念は実に多様な仕方でまた多様な関連付けにおいて扱われている．振る舞いにおける自由およびその制約または否定には，（ソクラテスにおけるように）人間の内面的自由という観念が対立する．自由概念の歴史から明らかとなるのは，自由概念は理論哲学において，実践哲学における場合とは異なる諸問題を提起するということである．このことはたとえばカントの作品において顕著である．『純粋理性批

判』の認識論的諸前提においては，自由概念は「ある状態を自ら開始する」能力として特徴付けられているが，自由の占める地位は問題含みのままである．これに対し，カントの実践哲学は「自由の現実性」の証明に基づいている．

　自由概念に関する理論哲学の諸問題は，現代においてはとりわけ両立論者と非両立論者という異なる立場の間で展開されている「心の哲学」をめぐる議論において見出される．両立論者は，実践的自由を是認することは，それと同時に世界のあらゆる出来事が因果的または自然法則的に隈なく決定されていると想定することと両立し得ると主張する．これに対し，非両立論の支持者はこのことに反対し，自然法則によって決定された出来事の世界においてはいかなる実践的自由も不可能であるか，それともわれわれを取り囲む世界は隈なく決定されているのではなく，したがってたとえば偶然の現象は理論的に排除することはできないという見解を表明する．両立論の支持者はカントの『純粋理性批判』に依拠しつつ，自由を行為者の自己決定であるとして理論的に解釈することを提言するが，理論哲学内部での議論は——とりわけ哲学において経験的自然研究の諸成果に取り組む際の未解決の方法的問題，および「心の哲学」と「存在論」との間の関係における未解決の問題があるために——収束していないように思われる．とはいえ，実践理論としての哲学的倫理学の構想に対しては，自己決定性という理論的概念は，これを自律としての自由という実践的概念からは明確に区別しなければならないとはいえ，少なくとも対話の素材を提供するものではある．

　自由を自己決定の一様態として把握するという理論哲学の提案からは，少なくとも，行為をその原因となっている行為者に帰するという意味での帰属の観念を導き出すことが可能である．だがここでは明らかに，「基礎行為（basic actions）」の概念（3.1参照）をめぐる議論が方法的に繰り返されている．これとは異なり，帰責や責任といった倫理学的に重要な概念は，（道徳的）振る舞いに関する言説の規範的核心部を前提としている．とはいえこの規範的核心部の意義は，実践理論としての哲学的倫理学においては，1人称および2人称の認識上の権威に依拠して解明され根拠付けられなければならない．そして1人称および2人称の認識上の権威を，生命・自然科学において，また社会科学の一部においても広範に支持されている3人称の視点からの厳密な陳述によって代替することは論理的に不可能である．

　責任の概念は，社会的行為のさまざまな余地および職業的専門分化を通じて規定される社会的生活世界のリアリティの相違に応じて，さまざまな任務およびさまざまな範型の課題，義務付けおよび正当化を記述するという不可欠の課

題を引き受ける．その際この概念にはまず，行為および説明という任務をさまざまに異なる仕方で割り当てるという役割が帰する．したがって責任の概念には，事柄の性質上，哲学的倫理学の根拠付けまたは基礎付けといった自立した試みは結び付いていない．それでもおそらく，責任の概念によって，道徳的課題およびその割り当てという実践的応用の論理の視点を拡大する一助とはなるであろう．

3.5 実践理性

　ここまでの議論で取り上げてきた倫理学モデル（第2章参照）はすべて，道徳的に正当なものの倫理的基準を規定することが課題である場合の人間の実践的合理性の観念に関連している．本節ではこの「実践的合理性」の概念をやや詳細に検討する．実践理性への言及が説得力を欠いたスローガンに終わることのないようにするためには，今日われわれは，倫理学の伝統から得られる実践的合理性に関するさまざまな論考をいかに扱うべきであろうか．この節の末尾においては，第2章で扱われた倫理学モデルにおける，限られた信憑性を持つに過ぎないアプローチとは異なる，拡張され統合された実践理性および倫理的省察の構想を描き出すことを目指す．この構想においては，道徳的認識の合理性および人間における規範性の構造へのカントの中心的な洞察と並んで，討議倫理学，功利主義およびアリストテレスの洞察も考慮に入れることになる．

　すでに基本概念の定義の冒頭において明確に示したように（1.1参照），実践理性の概念は――理論理性とは異なり――**アリストテレス**を起源とする．彼は概念の選択によって，われわれは振る舞いの領域においては，彼の時代における数学や天文学におけるような理論的思弁の場合とは異なる認識問題に直面しているという状況を示唆している．アリストテレスによれば，実践哲学においてわれわれは自分の振る舞いを〔観察者の3人称的視点からだけでなく〕行為参加者および行為関係者の視点，すなわち1人称および2人称の視点からも反省する．とりわけ重要となるのは，われわれは振る舞いにおいてつねに偶然的現象および個別的出来事に取り組んでいるということである．これらはそれ自身，たとえば数学的意味または自然科学的意味において厳密に必然的ではないし，また自然法則から導き出されるのでもない．振る舞いにおいて問題となる

のは，現実に期待可能な反復性または統計上の規則性をめぐるあらゆる経験知を駆使して，個別ケースを把握し，個別ケースにおいて自己自身を確証し，かつそれによってこの特殊ケースにおいてまさしく他のケースとは異なるものが何であるかを，正しく評価することである．

　自身の振る舞いにおけるこの難問を解決することは，アリストテレスにおいては知性の徳に属する思慮の課題であった．思慮によってわれわれは，普遍的行為規則および主観的行為格率をその都度身近でつねに変化する振る舞いのケースに関連付けることができるようになる．ただしその際——数学的論理とは異なり——演繹的手続きを踏み，個別ケースを単に普遍的規則から導き出すということはない．したがってアリストテレスによれば，実践理性は哲学的倫理学の認識領域において，振る舞いの偶然的現実およびこの現実において見出される実践的善（すなわち道徳的に正当なもの）を，ただし概観的な類型知として認識する．この知はそれ自身，自身の行い・実践を目的とし（2.1参照），最終的にはわれわれの行為を「より善く」するものと考えられている．

　さらに本書で示されたように，アリストテレスにとってわれわれの道徳的実践は実践理性と思慮との協働から，さらには性格の徳およびそれと結び付く正当な振る舞いへの洞察から成る．したがって，アリストテレスがこの文脈に位置付けた実践理性は，方法論的に反省された，特殊な経験に根ざす認識能力であると理解することができる．われわれ人間は振る舞いにおいてこの認識能力をつねにすでに用いており，この能力を振る舞いの倫理的反省を行う際にさらに磨き上げ，それによって振る舞いそのものおよび振る舞いに関与する実践理性の両方をつねに改善することが可能となるのである．アリストテレスにおいては，自由民だけが——古代ギリシアのポリスにおける奴隷制社会においては家父長だけが——発達した実践理性の担い手または主体として考察の対象となり得た．彼の倫理学はそもそも自由民に向けて書かれており，自由民にのみ道徳的に卓越した行為を期待することが可能であると考えられた．

　カントもまた彼の哲学的倫理学のモデルにおいて（2.3参照）実践理性を理論理性から区別した．彼においてはいずれの能力も単一の理性の異なる要素である．これらは単に異なる認識領域に関連付けられるだけではなく，方法論的観点から見ても異なる認識を導く原理を用いているため，「上級認識能力の総体」

としての理性が認識を行う場合のいわば異なる方法を指し示している．カントにとって理性が単一の認識能力となるのは，理性がそれを備えたあらゆる生命体における「最上級認識能力」を意味するためである．この認識能力によってわれわれ有限な理性的存在者は，感官による認識の限界およびわれわれの周囲の世界の現象を思考において超え出，その意味でわれわれの認識および洞察を拡張することもできるようになる．カントによれば，理性 Vernunft と比較するならわれわれの悟性 Verstand〔知性，理解力〕といえども，認識においてつねに感性的直観に依存しており，したがって空間および時間において生起する現象または自然の事物の領域にとどまる．

　カントによれば，われわれの理性は認識に際して，感覚与件および自然現象を超えて，一定の認識原理，とりわけ「理念」を用いる．カントにおいて理念とは，悟性概念〔カテゴリー〕とは異なり，認識に際して理性の振る舞う仕方を定めた一定の規則のことであり，理性の能力それ自体から生じ，感性の能力からは独立している（または「純粋」である）と考えなければならない一定の概念である．

　カントはこの純粋な理性概念または理念として「自由」，「魂の不死」および「神」を挙げる．これらの理性の原理および理念は，カントによれば，われわれ人間が自然観察を抽象化することによって得られるものではなく，われわれはこれらを思考能力および認識能力によって用いている．比喩的に表現するなら，これらの理念はわれわれ自身の理性にすでに備わっており，カントによればこれらは理論的理性使用における理性の認識に関しても，また実践的理性使用における理性の認識，すなわちわれわれの振る舞いに関しても，これらの理念が重要な課題を果たすことになる．そこでわれわれは自身の振る舞いにおいて——とりわけ何を為すべきかと問う際に——つねにすでに自由の現実性を前提としている．カントによればこのことは，感性的知覚および自然因果性に結び付けられている悟性が，現象界において自由を見出すという特殊な課題を有するのだとしても，依然として正当である（3.4参照）．自由という理性理念に基づいて，われわれは行為する存在者として自分自身を経験し，そこから行為遂行の際に自由が実在することを知る．それゆえ，自由は実践的観点から見た場合にある種の現実性，またはカントが述べているように「事実 Faktum」で

ある．これに対し理論的観点から見た場合においてのみ，自由は「要請 Postulat」なのである．

　カントのこの教説に関しては哲学史において今日に至るまで幾度も議論されてきた．カントにおける実践理性の観念を理解するために重要であるのは，カントが実践理性を，振る舞いおよび行為の意志を感官を通じて得られた情報から独立して（そしてカントにとっては同時に，自然的努力，欲求および情念からも独立して）規定するというわれわれの能力と結び付けているということである．すでに示したように，カントが彼の善意志の理論の中心に据えたのはまさしく，この「純粋」な，すなわち感覚与件からは独立した実践理性の能力である（2.3, 3.3参照）．その際，彼は「意志」のもとで実践理性内部の能力を捉えている．彼は意志 Wille を，選択意志 Willkür と彼が称するものから区別している．哲学の伝統において選択意志の概念は，異なる行為目標の中からいずれかを選び出す能力としての liberum arbitrium と称される人間の能力を意味していた（このことはドイツ語のシラブル kür によって確証される）[12]．

　カントにおける「選択意志」も「意志」もともに，アリストテレスにおける人間の自然的努力に伴う利点の選択（prohairesis）という想定からは区別しなければならない．カントにとって意志とは，実践理性によって定式化される振る舞いの道徳法則を，われわれが自身の振る舞いの原理として承認することを可能にする能力である（2.3参照）．カントにとっては，意志によってわれわれは，自身の振る舞いにおいて道徳法則の認識によってのみ，すなわち実践理性の法則がわれわれに告げるものによってのみ，自己規定し得ると考えられる．このことが起こり得るためには，われわれはいわば自己自身および自己を取り巻く世界から，すなわち自然的衝動，感性的刺激および行為の目的から，それどころか現実の行為世界における関心からも，距離を置かなければならない．このように内的にも外的にも自己に対して距離を置く能力こそが，カントにおける道徳哲学的着想の核心部をなす．この能力こそがわれわれの実践理性の功績である．カントによれば，われわれはこのようにしてのみ，道徳的に正当でありかつ命じられていることを認識することができる．実践理性において道徳的に正当なものへの洞察は唯一の根拠を持ち，われわれの意志は，実践理性の語ること以外のものを事実上意欲と欲求の対象としないよう，配慮することを要求

される．意志の自由と自律に関するカント道徳哲学の中心命題はいずれも，純粋実践理性にこそ根拠を有する．

カントによれば実践理性は万人において働いている能力である．とはいえこのことは，実践理性が——他の認識能力と同様に——人びとの間で異なる仕方で備わり，発達し，実現されるということを妨げない．だがカントはアリストテレスとは異なり，実践理性を万人に備わるものと見なしており，したがって万人が道徳的に行動し得る存在であると見なされている．ところがわれわれは実際に最善の意図をもって振る舞うことを意欲したとしても，そのことだけですでに十分道徳的に正当であると言えるのかどうか，確信を得ることはできない．したがってわれわれは行為の真の動機を成すものを良心に照らして吟味するために，吟味規則および統制規則を必要とする．まさにこれが定言命法の課題とするところなのである．定言命法は，カントの哲学的倫理学が提示するテストに合格するために，すなわちわれわれの現実に意欲する振る舞いが実際に実践理性の洞察および指令によってのみ規定されているかという吟味に堪え得るために，われわれの主観的な行為格率を適合させなければならない基準を提示する．

カントは彼の道徳哲学において定言命法に複数の定式を与えており，『人倫の形而上学の基礎付け』だけでも5つの定義がある (2.3参照)．これらはすべて，われわれの行為格率および意志を道徳的正当性に照らして合理的に吟味するという1つの目標に異なる仕方で寄与する．ここではとくに2つの定式に触れておきたい．いずれの定式においてもカントの「実践理性」構想の強みだけでなく，それを補足する必要性もまた明らかとなる．

第1に，つねに万人にとって無条件に妥当する普遍的な立法の基礎となり得ること，すなわち他のあらゆる行為者に対する道徳的義務付けとして使用可能であることが吟味によって証明された場合にのみ，振る舞いの格率を規範的に正当であると評価すべきであるとする理性の要請である（この点に関しては3.3参照）．この要求は行為格率の普遍化可能性という「古典的」要請に含まれており，カントはこれをあらゆる理性的行為者を規範的に義務付けるという意味における道徳的正当性の基準として提起した（功利主義倫理学に見られるように，われわれの意図および関心を不偏不党の観点から吟味すべきであるとする要求においては，カントの

要求したことの1つの重要な側面が継承されている）．

　第2に，振る舞いにおいてわれわれはけっして他の人を単に手段としてのみ扱うことは許されず，つねに同時に自己目的として尊重しなければならないとする理性の要請である．この要求はあらゆる他の人びとだけでなく，行為者としてのわれわれ自身をも含んでいる．われわれはこれを人間の尊厳の命令と称することが可能である．というのは，カントにとって自己目的の観念においては，各人の人間としての尊厳が根拠付けられているからである．この尊厳は，各人は「実践理性」の主体にして担い手として，みずから目的を設定することの可能な自由な行為者であるという形で表現される．

　これら2つの定言命法理解は，異なる観点からではあるが，道徳的振る舞いのための強い規範的原理という意味における無条件の要求を含んでいる．これらはわれわれの行為の吟味，あるいは正確には，われわれの選択した主観的規則として行為を根拠付ける行為格率の吟味という課題を果たす．そしてこの課題を果たすためにこれらの定言命法理解は，われわれの振る舞いに関して，無条件の規範的命令であるがゆえに道徳的に正当であると評価されるものを判断するための，倫理的に重要な基準を定式化している．それゆえわれわれはこれらを，われわれの振る舞いにおける道徳的正当性および道徳性のための，倫理学的に特筆すべき必要条件と名付けることができる．これらは実際，哲学的倫理学のいわば理性的核心部を成し，倫理学のそれ以上遡ることのできないと思われる中心洞察を特徴付ける．

　この洞察はカントにおける特殊な根拠付けからは独立して妥当し，それゆえ普遍的な倫理学プログラムの核心部として，世界中の諸文化において承認されるべきものである．というのは，いわゆる黄金律（それは「己の欲せざるところ，人に施すことなかれ」という相互性の規則のみを内容として含む）とは異なり，これらの定言命法理解には無条件の規範的妥当要求が含まれているからである．これらの定言命法理解は，形式的にも実質的にも普遍的道徳の最低限の基準を明確に表現し，道具化の無条件の禁止により，黄金律の定式化する（そして今日のいわゆる世界エートスが自身の努力の中心に据えている）洞察をはるかに上回るため，その規範妥当要求は普遍的な同意を要求することができる．

　だがカントにおける2つの公準は普遍的倫理学の最低限の基準として，道徳

的振る舞いのために欠かすことのできない必要条件を定式化してはいるものの，われわれの行為世界における複雑かつ多様な挑戦において，振る舞いの道徳性を吟味するためのさらに踏み込んだ基準を定式化していない．ところがこのようなさらに踏み込んだ問題に取り組むことが哲学的倫理学の課題なのである．もっともこの問題に答え得るためには，実践理性の観念をカントの理解よりも広く解釈することが必要となる．

　実践理性の観念はカントにおいては狭く捉えられている．このことは，〔カントにおいては〕実践理性が道徳的に正当なものへの問いのうちわずかな選ばれたものに対してのみ答えを用意しているように思われることから察知し得る．だがすべての問題が，殊に応用倫理学において取り上げられる問題であればなおのこと，振る舞いの格率を普遍化の定式または人間の尊厳の原理に照らして吟味することによって回答し得るわけではない．カント自身，無条件に妥当するわけではない道徳的義務が存在することを指摘している．つまり定言命法の両定式によっては倫理的に十分根拠付けることのできない道徳的義務が存在するというのである．『人倫の形而上学』においてカントは，無条件に妥当するわけではない道徳的義務の例として，他の人間同胞の幸福および自己自身の完全化のために努力する義務を挙げている．これら道徳的行為の基礎を成す格率は，いわば定言命法の管轄領域の外にあるが，それにもかかわらず道徳的に重要であり，それどころか規範的正当性を要求し，かつ道徳的義務を根拠付けさえする．同様のことは人間の尊厳という原理の射程と管轄領域についても当てはまる．われわれの振る舞いに関する基本的な問いのうち，一定の振る舞いが関係者の尊厳および自由を侵害するか否かという問いに集約され得るようなものはわずかしかない．そこで明らかとなるのは，定言命法の両公準は道徳的義務の認識のために重要な貢献を為してはいるものの，われわれの振る舞いにおける道徳的に正当なものへの倫理学の問いは，無条件の当為義務の確定にとどまるものではないということである．そしてまさしくこの課題にこそ，カントの場合よりも拡張された実践理性の観念は考慮を払わなければならない．

　そのように拡張された実践理性の観念は，万人に対する無条件の義務の証明という意味における道徳的に正当なものへの基本的問い，すなわち普遍的な道徳的正義への問いに答えようとし，また答えることができるだけではない．そ

れはさらに，条件付で命じられる義務への洞察，または所与の状況において，譲ることのできない固有の責任を有する自分自身または他の人びとにのみ関与する義務への洞察をも与えようとし，また与えることができる．3.3においては，振る舞いにおいて道徳的重要性を認識するための４つの方法を区別した．道徳的なものの４つの認識には，道徳的正当性および倫理学的根拠付けの４つの解釈法が対応する．この提言に対応して，実践理性の観念もまたこれらの異なる課題に応じることができるのでなければならない．それゆえわれわれの実践理性は，振る舞いの格率をもっぱら定言命法の適用によって，道徳的正当性（または道徳性）に照らして倫理的に吟味することに限定されていてはならない．というのは，すでに見てきたように，定言命法の洞察が達し得るのは，格率の道徳的正当性を得るために振る舞いに求められる必要条件を把握するところまでだからである．

　それゆえ振る舞いの格率は，振る舞いの道徳的に重要なさらに踏み込んだ規定に関する道徳的問いの観点からも考察され得るであろう．これは現代の世界においてわれわれが個人として他の行為者との関係において認識する，さまざまな社会的役割や責任を含んでいる．それはたとえば家族や集団や組織のメンバーとしての，結婚や生活において特別な信頼を寄せている人のパートナーとしての，友人としての，特定の任務や機能のための責任者としての，公的な代理人または専門職に携わる者としての，権利を有する者としての，公的な（法）秩序に従う者としての，さらには国際社会の成員にして行為者としての，役割や責任である．

　これらの多様な行為の役割と結び付いている道徳的に重要な問いの全体に対し，定言命法の中心的問いは固有の仕方で沈黙を貫く．これはカントの倫理学モデルにおける定言命法およびその課題にとっての非難に値する欠点であるわけではない．しかし本書で示されたように，定言命法のさまざまなヴァリエーションによって認識される課題は，重要でありまた基本的ではあるが，同時に制限されているのも事実である．誤解を避けるために，ここでカント倫理学への批判を再度明確化しておくべきであろう．

　定言命法は単に形式的であるというのが，これまで繰り返されてきたカント批判の門切り口上である．だが人間の尊厳原則に関する公準を一瞥すればすで

に明らかであるように，カントにおける道徳性が形式的なものにとどまるとの批判は，尊厳原則には該当せず，一面的なカント理解に関わるものである．したがって本書ではカントの定言命法説そのものを批判するわけではない．だが同時に今日，説得力のある哲学的倫理学の構想を根拠付けることを目指す場合においては，カントの実践理性の概念はある種の狭隘化の危険に直面している．すなわち本来，実践理性の遂行能力が証明されるためには，それが以下のような仕方であらかじめ制限されていてはならない．すなわち実践理性は，普遍的で状況に依存しない，あらゆる行為者にとって同様に該当する無条件の義務付けとなることの証明に照らし合わせて回答可能な問い のみを，道徳的に重要な問いとして扱うのであってはならない．たしかにこの問いは，道徳的にも倫理学的にも根本的に重要である．したがって，正義の問題と結び付いた一般的な道徳的義務が倫理学的に洞察可能であること，およびこれがいかにして洞察可能となるかということを証明した点において，カントの功績はきわめて大きい．だが，行為者としてわれわれが，善と悪，正と不正，条件付の義務と無条件の義務の道徳的区別に関して答えを求めている問いは，正義と結び付いた無条件の道徳的義務への問いだけに限られるわけではない．

　討議倫理学は——この点においてはカントに負うところがあるのだが——まさにこの哲学的倫理学の狭隘化という危険に屈しているように思われる．それは，ハーバーマスの定義する正義（万人に対する無条件の義務付け）を指示することによっては最終的な回答を与えることのできない問いを，討議倫理学が自身の管轄から除外しているためである．だがこのことは道徳哲学において信頼に値する戦略では到底ない．討議倫理学においては，カントは道徳性および理性の観念をモノローグ的で孤立した構造を持つ主体の視点に限定して捉えたのだと，それ自体としては十分な根拠をもって批判されている（2.4参照）．だが討議倫理学はこの批判から，理性の観念を拡張することによって，同時にまた実践理性の課題の叙述をも事柄に即して方法的に拡張すべきであるという帰結を導き出していない．このことはおそらく，法・権利の規範的基礎付け以外の，応用的観点に関わる現代の議論においては，討議倫理学の道徳哲学としての存在感がそう強くはないことの理由を説明するものであろう．

　このことに対応して，われわれの振る舞いにおける道徳的に重要な経験の多

様性，および道徳的に正当なものの多様性に鑑みて，カントに体系的に依拠するだけではなく，ここで提唱される拡張された実践理性の観念の意味において，アリストテレスの倫理学モデル，倫理的功利主義および討議倫理学からも学ぶべきものがある．討議倫理学からは，われわれの倫理学的反省を教え導く実践理性は，われわれが多様な行為世界において他の人びとと共同作業を行う際に用いる理性と異なるものではない，という洞察を受け入れることができる．つまり実践理性とは，振る舞いに定位する，抽象的に言えば社会的・文化的に規定された理性であり，その認識および反省の力を用いて，実践理性の保持者は自己自身の関心および役割から距離を置くことができる．このような理性はコミュニケーション的構造を持ち，これによってわれわれは直観，抽象，論証といった手段を用いて，道徳的正当性および規範的重要性への基本的洞察を得ることができる．コミュニケーション的理性の遂行能力をこのように叙述することによってわれわれは，行為世界において他の人びとと共に経験しまた解決すべき対立に関し，利害対立もまたつねにわれわれの道徳的経験の現実性に含まれているということを学ぶことになる．だが，往々にして相対立する関心の表現としての戦略的行為は，より幅広い，最終的には相互理解を目指す行為の制限された様態を表すものに過ぎない．このことをわれわれが示し得る程度に応じて，われわれは関心の拡張された概念を道徳理論に導入することが可能となる．この拡張された関心の概念は，欠陥を抱え結局は道徳的・倫理的相対主義に陥る道徳的エゴイストの関心概念とは異なる．

討議倫理学に由来するこの洞察によって，現代の倫理学諸構想に散見されるような平凡な最小限主義[14]は行為理論の文脈でその基盤を奪われる．すなわち討議倫理学の示すところによれば，正義に対し懐疑的な自然主義ならびに道徳的エゴイズムのモデルは，われわれの行為の合理性に備わる潜在能力に関してあまりに視野の狭い理論的立場をとっている．効用または快の最大化という一般的経済原則に定位する道徳学説〔功利主義〕もまた，われわれの現実の振る舞いを正当に評価することができない．討議倫理学からは，相互理解を目指す道徳的に重要な行為の範囲ならびに論理への洞察が得られるが，これによって「間主観的理性」の拡張された観念を採用するとしよう．そうすれば，功利主義的帰結主義のモデルからも，共通の関心という概念を万人にとって同程度に有用

かつ善であるという意味に拡張して理解することは，実践理性の観念にとって高い重要性を持つということを学ぶことが可能である．討議倫理学および討議倫理的に解釈された功利主義のいずれの洞察も，実践理性の拡張された観念を倫理的反省の準拠基準として提案することが課題となる場合に一助となる．カントのモデルおよびその一面的解釈においては，道徳的に理解された規範的「正」の中でわれわれ人間にとっての「善」への問いは除外されたが，これらの洞察によってそうしたことはもはや起こらない．むしろ逆に，上記のように考えることによって，「善」をただ有用性または快適性として平凡化する，偏狭で利己的な関心の心理学に対抗することが可能となる．功利主義のいくつかのヴァリエーションにおいてはそうした関心の心理学が見られるし，また討議倫理学においてもこれを十分な説得力をもって回避することはできていないのである．

　最後にわれわれはアリストテレスの倫理学モデルからも以下のことを学ぶことができる．すなわち，実践理性の狭い概念および道徳的に正当なものの簡潔な基準一覧だけでは，振る舞いの多くの個別ケースにおいて善・悪，正・不正，適切・不適切，要求されている・要求されていない，といった区別を決定するのに十分ではない，ということである．アリストテレスの用語法で表現するなら，反省する行為者であるわれわれにとっての実践的合理性の観念は，格率の普遍化可能性と人間の尊厳の原則という〔カントにおける〕2つの倫理学原理と並んで，節制（ソープロシュネー）や思慮（プロネーシス）といったわれわれの徳における認識機能をも受け入れなければならない．思慮とは正確には，ヒュームおよびカントの叙述するような意味での，道徳的正当性を度外視した道具的抜け目なさ，賢明さではなく，今ここで与えられたつねに偶然的な個別ケースにおいて振る舞う際に，それに適用すべき，普遍的観点からの道徳的正の基準を見失わないようにする能力なのである．

【練習問題】

1. アリストテレスおよびカント実践理性の概念をそれぞれ分析し，比較してみよう．
2. 実践理性の概念についての，本章で提起した拡張された解釈法に対して，哲学的倫理学の課題と任務に鑑みて自身の見解を述べてみよう．

⓬ 実 践 理 性

　アリストテレスの倫理学構想は，理論理性と実践理性とを区別することに基づいていた．実践理性はここでは，倫理的徳〔勇気，節制，正義〕および〔それ自身としては知性的徳である〕思慮に，振る舞いそのものにおいて，また行為の道徳性への要求を倫理的に反省する場合において，道徳的正当性を規定するための認識機能が備わると認めることへの要求を含む．カントは理論理性と実践理性とのこの区別を受け入れたうえで，彼の超越論哲学に基づいて，実践理性が為すべきこと（当為）という意味における道徳性への洞察を担っていると見なした．

　アリストテレスとは異なりカントは，道徳的に正当なものを認識し，意欲し，行うという実践理性の能力は，万人に十分な程度に備わると確信していた．このことは彼が (1) 格率の普遍化可能性，および (2) 各人の尊厳または自己目的性の無条件の尊重という形で表現した，カント倫理学の２つの中心的洞察にも当てはまる．いずれの要請も，カント以後のいかなる倫理学もそこから後退することの許されない倫理的洞察として特徴付けられる．黄金律〔「己の欲せざるところ，人に施すことなかれ」〕はたしかに道徳的相互性を定式化していたが，自由がそれ以上遡ることのできない出発点であること，および人間の自己目的性が無条件のものであることへの洞察を持たなかった．この点でカントのいずれの要請も黄金律を凌駕しており，今日では彼の自由および自己目的性は，人権の道徳および，民主的（共和的）法に基づく政治の基礎を成している．

　カント倫理学は道徳的振る舞いにとって必要不可欠な最低限の基準を定式化してはいるものの，複雑を極める行為世界における道徳性の吟味基準としては不十分なところがある．このことから，多様な道徳的挑戦に直面して実践理論としての倫理学のプログラムを完遂し得るためには，実践理性の観念を適宜拡張することが必要となる．

　そこでたとえば討議倫理学においては，カントの理性概念を公共的理性の構想によって解消することが提案された．道徳哲学の伝統における功利主義的帰結主義およびアリストテレスのさまざまな洞察に目を向けることは，道徳的に正当なものとしての道徳的善の概念を拡張し，これを今日の哲学的倫理学において適切に位置付けるための一助となるだろう．

訳注

1) アリストテレスは行為を「随意的(プラクシス)」なものと「不随意的(ヘクーシオン)」なものとに分けている。不随意的な行為とはやむを得ずなされる（強要(ビア)による）場合かまたは周囲の事情や行為対象等個別的条件に関する無知による場合かのいずれかである。これに対しみずからすすんでなされる場合、随意的(ヘクーシオン)行為となる。『ニコマコス倫理学』、第3巻、第1章。
2) Verlust der Tugend；マッキンタイアの著作 After Virtue のドイツ語訳タイトル。邦訳は『美徳なき時代』。
3) phronesis はラテン語では prudentia と訳される。トマス・アクィナスは『神学大全 (Summa Theologiae)』(II^a-IIae q. 47 a. 3) において、思慮には理性（ratio）の考慮だけではなく、その考慮結果の行為への適用も（実践理性 ratio practica の目的として）含まれるとしている。行為は個別事象においてなされるのである以上、思慮ある人は理性の普遍的原理だけでなく、行為の関与する個別事象を知ることも必要である。また諸徳の結合（connexio virtutum）についてトマスは、枢要徳その他の徳はそれぞれ孤立させるのではなく結合されて初めて完全な倫理的徳となるとしたうえで (I^a-IIae q. 65 a. 1)、愛（charitas）または思慮によって諸徳が結合されると述べている (II^a-IIae q. 152 a. 3)。
4) 理不尽な事柄に対して市民として信念を主張する勇気。ビスマルクの造語。
5) 「愛は寛容であり、愛は情深い。また、ねたむことをしない。愛は高ぶらない、誇らない、不作法をしない、自分の利益を求めない、いらだたない、恨みをいだかない。不義を喜ばないで真理を喜ぶ。そして、すべてを忍び、すべてを信じ、すべてを望み、すべてを耐える。……このように、いつまでも存続するものは、信仰と希望と愛と、この3つである。このうちで最も大いなるものは、愛である」（『口語　新約聖書』日本聖書協会、1954年）。
6) 『幸福な人生について』（セネカ著、茂手木元蔵訳、『人生の短さについて　他二篇』岩波文庫、2007年）の次のような箇所を参照．「それゆえ幸福な人生は、人生全体の自然に適合した生活である。そして、それに到達するには次の仕方以外にはない。まず第一に、心が健全であり且つその健全さを絶えず持ち続けることである。第二に、心が強く逞しく、また見事なまでに忍耐強く、困ったときの用意ができており、自分の身体にも、身体に関することにも、注意は払うが、心配することはない。最後に、生活を構成するその他もろもろの事柄についても細心ではあるが、何ごとにも驚嘆することはなく、運命の贈物は活用せんとはするが、その奴隷にはなろうとしない。こういった仕方である。」（126-127頁）「それゆえに、最高の善が登るべきところは、いかなる力によっても引き下ろされないところであり、苦痛も野望も恐怖も、要するに最高の善の権能を弱めるものは一切近づき得ないところでなければならぬ。そのようなところへ登ることのできるのは徳だけである。徳の歩みにより、この登り坂は砕かれて登りやすくされねばならぬ。徳は雄々しく立つであろう。そして何ごとが起ころうとも、我慢強くそれに耐えるのみならず、むしろ喜んで耐えるであろう。また、時がもたらすいかなる困難をも、すべて自然の法則であると悟り、あたかも勇敢な兵士のように怪我に耐え、傷あとを数えるであろう。また、矢に射抜かれて死なんとするときも、命をささげた指揮官を敬愛するであろう。そして心の中に、あの「神に従え」という昔の教えを抱いているであろう。」(148-149頁)「それゆえ、真の幸福は徳のなかに存している。この徳は君に何を勧めるであろうか。それは第一に、徳にも悪徳にも関係のないもの〔adiaphora〕を善とも悪と

も考えてはならない．次に，悪に対抗するためにも善に従うためにも確乎として立ち，それによってでき得るかぎり神を真似ることに努める，ということである．」(149-150頁)
7) 「濃い」道徳観念とは，価値と事実の区別を前提とする「薄い」道徳観念または「薄い」事実観念とは異なり，評価的・規範的内容が記述的内容に含まれている観念である．ウィリアムズは裏切り treachery，約束 promise，残酷 brutality，勇気 courage 等を事例として挙げている．Bernard Williams, *Ethics and the Limits of Philosophy*, Cambridge 1985, p. 129.
8) トマス・アクィナスは「超越的なもの(transcendentalia)」として「物(res)」「一(unum)」「他(aliquid)」「真(verum)」「善(bonum)」「存在者(ens)」を挙げている (*De Veritate*, 1.1 c).
9) 本章訳注6参照．
10) 物理学そのものが「決定論」を疑っているとするここでの補足はやや曖昧である．初期状態（世界のすべての原子の位置と運動量）を知悉したうえで，ニュートン力学によって世界のすべての状態を隈なく決定できるとされる「ラプラスの悪魔(Laplacescher Dämon)」の仮説は，量子力学の登場以来疑われている．だがその場合においても，自然現象がすべて因果律（ただし確率法則）に従ってのみ可能であると想定することはなお可能である．そしてその際，自由意志に基づいて設定され選択される目的やその実現を可能にする手段を想定しないで，つまり目的論に依拠しないで，それ自体としては「偶然」生じた事象について，その因果的原因性を解明することは十分可能なのである．本書では，「両立論者」が自己決定としての自由を因果的決定の中に含ませているとされている．なお，この点については，ハンス・ライヘンバッハ（市井三郎訳），『科学哲学の形成』，1954年/1973年，みすず書房，参照．
11) 直接経験し得る事柄についての観察内容を述べた命題．
12) Kur は選挙（Wahl）を意味し，その別形 Kür は体操などの自由演技を意味する．
13) 現象と物自体，現象界と叡智界との形而上学的区別に基づく倫理学の根拠付けのことであると推測される．
14) 倫理的意味での最小限主義（Minimalismus）は，広義には「特に禁止されていないならば，容認されていると見なす」立場であると考えられる．さまざまな最小限主義があり得るが，たとえば，相手の意に反する他者危害の禁止のみを厳格な義務とし，自傷行為や関係者の同意の上での他者危害を容認し得ると見なす立場もある．本章の文脈ではのちに触れられる「「善」をただ有用性または快適性として平凡化する，偏狭で利己的な関心の心理学」もまた倫理的最小限主義に含まれるであろう．

第 4 章　応用倫理学

4.1　倫理原則の根拠付けおよび応用

　第1章において詳述したように（とくに1.1参照），哲学的倫理学は振る舞いにおける道徳的正当性への要求を批判的に吟味し，道徳的善または正に関する言説を正当化する理性的基準に依拠して道徳的正当性を根拠付けることを任務とする．第3章においては，その際いかなる倫理学的基本概念および原理が道徳的合理性のカテゴリーとして不可欠であるかを論じた（とくに3.1から3.3において）．だが倫理的判断形成のカテゴリーをこのように反省するだけで，哲学的倫理学が完結するわけではない．むしろ逆に，哲学的倫理学は実践理論として理解され，日常生活における行為の経験および道徳的葛藤を出発点とし，道徳的に正当なものとは何かという問いに個々の特殊な行為状況において合理的に回答することを課題としているのである以上，倫理学は道徳的に正当なものを普遍的に根拠付ける基本概念および原理への理論的反省の結果を，つねに再び振る舞いをめぐる〔具体的〕諸問題に関連付けることができるのでなければならない．このことから提起される課題は，道徳的に正当なものを反省的に根拠付ける倫理学モデルおよび原理を，具体的な個別ケースおよび，振る舞いの典型的な領域またはつねに繰り返される状況において応用することである（1.1参照）．

　倫理学的根拠付けの一般的部門または理論的部門における原理を洞察したうえで，この原理を具体的な個別ケースにおいて応用するという場合には，単に普遍から個別を論理的に演繹するというトップダウン式の範型に従うことはできない．行為における具体的な個別ケースは，単に個別ケースを普遍的規則のもとに包摂するだけでは十分に規定することはできない．このことはすでに「決

疑法 Kasuistik」[1]（これは「事例(ケース)」を意味するラテン語の casus に由来する）の方法が教えている．決疑法は道徳哲学において長い伝統を持ち，法学においても不可欠である．決疑法は手続きとしては，普遍的原理を，より正確には，道徳規範または法規範を，目の前の個別ケースに対し方法的に統制しつつ応用・適用することであると特徴付けることができよう．その際通常，特殊な個別ケースおよびその記述から出発し，当該ケースをいかなる普遍的概念，規則，規範のもとに包摂すれば，このケースを詳細に規定し，道徳的または法的に特徴付けることができるか，という問いに答えるという手続きが取られる．

　決疑法の認識手続きは，行為の分析および評価に際して不可欠の方法であることに疑いはない．だが逆に，規則，規範，法則といった普遍的諸規定に依拠するだけでは個々の行為の道徳的または法的性質を一義的かつ決定的に規定することはできないということを銘記しておかなければならない．というのも，いかなる個々の具体的振る舞いも反復不可能な仕方で一回限り遂行されるのであり，それはその都度の個性的な仕方で，普遍的，規則的，または図式的に規定され得る原則と絡み合うからである．すでに**アリストテレス**は，あらゆる現実の行為において偶然的性格は消し難いものであるということを主題化していた（2.1参照）．このことに対応して本書では，倫理学理論の持つ実践的基本性格（1.1参照），および行為を概念によって反省的に捉えた場合における倫理学理論の帰結（3.1参照）を指摘した．

　したがって確実に言えるのは，倫理的反省能力は道徳的振る舞いのための普遍的規則を根拠付けるという理論的能力だけを前提とするのではなく，振る舞いの個別ケースおよび特殊な状況に対し，適切な仕方で道徳的なものの規則，原理または法則を当てはめるという実践的判断力をも前提とするということである．**カント**は『判断力批判』冒頭〔序論 Einleitung の4節（「アプリオリに立法する能力としての判断力」）〕において「特殊なもの」を「普遍的なもの」（規則または法則）に包摂する2つの仕方を区別した．普遍的規則がまず与えられており，特殊な個別ケースを普遍的規則のもとに置くだけでよい場合の認識能力を，カントは「規定的判断力」と称した．これに対し個別ケースがまず与えられており，そのうえでさらに普遍的規則が発見されなければならない場合の認識能力は「反省的判断力」と称されている．多くの場合，われわれの実践的判断能力

には原理や規則がすでに与えられており，判断者には適切で正しい規則を用いて個別ケースを実践的に判定することが求められる．このような場合においてわれわれは「規定的判断力」を用いる．これは法の領域における判断形成の多くの場合に該当し，ここでは通常，裁判官が現行法に照らし合わせて個別ケースの決定を行う．その際，新しい法規や法理的法則が創造されるのは稀なケースである．これに対し，該当する普遍的な実践規則が（まだ）存在しないような個別ケースが現われた場合には，「反省的判断力」を用いて求められた認識形成を行う．この判断形成にとっては，個別ケースの具体的要求事項に応じて普遍妥当な実践原理を新たに根拠付けることが必要不可欠である．したがって振る舞いの道徳性を問題として扱う場合においては，普遍妥当な道徳原理を見出してそのもとに個別ケースの道徳的要求事項を包摂するか，または道徳的に無規定の，問題を孕み開かれた個別ケースを一義的に規定することの可能な新たな規則を根拠付けるのでなければならない．哲学的倫理学が規則，規範法則または原理を新たに根拠付けようとする場合，われわれの行為世界において，従来の道徳規則によっては（まだ）考慮に入れられていない振る舞いの新たな可能性が開かれるという事実が表現されている．このような仕方で倫理的判断力によって根拠付けられるべき規則の大半は，「中間的」道徳原則という論理的地位を有する．この原則は現代のように行為の可能性が拡大されている状況のもとでも，道徳的に正しく振る舞うべしという要求が無に帰することがないようにするために発見されまた根拠付けられなければならない．その際，われわれの振る舞いにおける新たな挑戦に対して，普遍的道徳原理または倫理学モデルをいかに適用・応用するかという特殊な課題を念頭に置く必要がある．そしてまさにこの挑戦こそが，近年の応用倫理学の中心を成すものである．

[練習問題]
1．実践理論としての倫理学においては，普遍的原理の反省と根拠付けはその応用に対してどのような関係にあるだろうか．
2．倫理学および法学における決疑法の課題は何であろうか．
3．応用倫理学は「反省的判断力」の型に従う認識としても特徴付けることができるが，その根拠を挙げてみよう．

4.2 道徳の多元化の時代における倫理学

　何らかの形で可能なまたは考え得る振る舞いのすべてのケースを，(十分に根拠付けられた) 原理，規則または法則の体系に還元することによって倫理的に一義的な仕方で意味付けることは不可能である．このことは決疑法のプログラムの方法的限界であるが，こうした洞察に対処することこそが応用倫理学の課題である．普遍的規則を日常生活の道徳的個別ケースに適用・応用することの論理的問題は，現代においては以下のような事情によってさらに先鋭化する．

(1) ここでまず指摘すべき事情は，現代の生活世界における道徳的信念の事実上の多元性は，道徳的に善いことまたは正当なことは何かという問いに答えるための倫理的原理および根拠付けの提案が多様であるという点においてもはっきりと現れるということである．法のシステムとは異なり，多元的な社会において日常の振る舞いにおける道徳的対立を普遍的に共有された倫理的原理に依拠することによって解決するのは明らかに困難であることが示される．

(2) われわれの行為は生活世界の広範な諸領域において，法と経済，科学と技術，政治と私生活，芸術と宗教といった社会的サブシステムにおいて，それぞれ独立したさまざまな行為の論理によって刻印付けられており，それぞれの論理は固有の機能を伴う合理性を想定している．

(3) 現代における科学技術の革新とグローバル化のダイナミックな過程は，道徳的対立に向き合う際の，伝統的道徳規則および信念の前提となっていた経験を大きく変えた．

　このような変化に直面して，われわれは行為において道徳的決定を行い，また道徳的対立に対処しなければならない．そしてこれらは伝統的な倫理的原理や道徳哲学的モデルに依拠するだけで容易に解決し得るものではない．そこで応用倫理学は，このような変化によって生じる哲学的倫理学に対する事態に即した方法的挑戦に対処しようとする．

　こうした事情に直面して，応用倫理学には以下のような複雑な課題が課せら

れる．すなわち応用倫理学は，生活世界のさまざまな行為領域においてその都度生じる，道徳的対立および道徳的挑戦を可能な限り明確に分析することから出発して，分析された対立または挑戦を根拠付けられた仕方で解決するのに少なくとも当面は適しており，また道徳的に正当なまたは善い振る舞いとは何かという問いへの回答を可能にするような最上の実践原理，普遍的原則または規範を明確化しなければならない．しかしながら，普遍的なものとならざるを得ないこの道徳原理または道徳規範は，さまざまの行為状況において実際に道徳的方向付けを与え，行為を動機付ける力を発揮するために，その都度の行為空間および事態の文脈に適合した，より特殊な原則，規則または規範によって補完または拡張されなければならない．そこで応用倫理学は中間的原則および事態に関連する原則を取り上げる．これらは普遍的諸原理と，特殊な状況および領域における現実の振る舞いおよび命法とを媒介する．この中間的原則は古典的な倫理学諸理論においてはたいていの場合（まだ）明確化され，提示され，根拠付けられてはいない．それはむしろ，多数の人びとによる倫理的熟慮（すなわち事態をめぐり「行きつ戻りつ」する考量）の成果であり，まさしくカントの言う「反省的判断力」の実践的認識を現代において遂行するものである．この認識過程においては，倫理的反省を行う人びとが典型的な状況分析，行為領域における特殊な命法，規範的公理および個人的な道徳的直感または信念を互いに結び付ける．その結果一方において，熟慮の成果は倫理的討議の実践的適用を，さらに見出された道徳的洞察の特殊な個別ケースにおける確証を可能にし，他方において，この成果は同時に，道徳的に根拠付けられ，実際上もまた重要な合意を行為の当事者および関係者の間で成立させることを目指す．

　今日明るみになっている道徳的問題の大半は，生活世界の不可逆的な多元化，社会の部分システムにおける行為の論理の細分化，（過去の行為の可能性と比較した場合の）科学技術の革新による行為の選択肢の飛躍的増大，さらにグローバル化の進展に伴う行為世界の世界規模での相互依存の帰結である．このことから必然的に，道徳性という開かれた問いに取り組む倫理学は，応用倫理学という形を取る場合には，形式的にも実質的にも，振る舞いの特殊な部分領域に関する倫理的な反省および熟慮として形作られる．そこでいわゆる領域倫理が，生命科学の近年の進展に対応した生命医療倫理，エコロジー倫理，動物倫理，

人権の倫理，法・経済倫理，フェミニズム倫理，科学倫理〔研究者倫理〕，技術倫理といった形で展開される．

練習問題
1. 応用倫理学は生活世界の分化，近代化，多元化の過程に対してどのように関わりを持つであろうか．

4.3 応用倫理学の「中間」原理

振る舞いにおける道徳的に正当なものを探求する際に，倫理的原理，原則，規範または端的に説得力のある論証を根拠付け，またこれらを適用・応用するために領域倫理の持つ意義は，「中間」原理または原則をいかに選びまたそれがいかに機能するかということと密接に結び付いている．そこで中間的原理または原則の役割および機能を，領域倫理のいくつかの成果を手がかりに考察してみよう．ここでは公共的議論においてとくに際立つ領域倫理として，(1)生命医療倫理，(2)エコロジー倫理の1つの部門としての動物倫理，および(3)人権の倫理を取り上げることにする．ここでは医療の領域，動物との関わりおよび政治空間において個々の行為の選択肢が有する道徳的性質を倫理学的に論究するのではなく，「中間」原理が応用倫理学においてどのような特殊な役割を果たすかという問題を概観しておこう．

(1) 生命医療倫理

過去数十年間における生体臨床医学の異例の進歩によって，日常の臨床においては多数の治療行為が利用可能となっている．このことからすべての直接的関係者は，医療的・治療的行為の伝統において従来知られていなかった道徳的諸問題に直面している．医師および看護師，患者およびその肉親，医療機関および保険機関は個別ケースにおいて決定を下さなければならず，その決定は新しい特殊な道徳的洞察および原則を必要とする．医師の振る舞いの伝統においては，医療知識および治療経験と並んで，医師のエートスの道徳的重要性を確証するための，ヒポクラテスの誓いの2つの最上規範を挙げておけば十分であ

ろう．すなわち医師の行為によって誰かを傷つけることの無条件の禁止（誰も傷つけてはならない nemini noceri）が，倫理的根拠から最上位に位置付けられる．患者の幸福を増進するという条件付の命令は次の段階に位置付けられる．

　医学の飛躍的進歩の結果，療法士および医師の道徳的行為にとってこれら2つの最上原理は，日常の臨床の特殊状況において道徳的に一義的な行為の決定に達するためには十分ではないことが明らかとなった．そのため，生命医療倫理の提唱者たちは一連の特殊な行為規則および中間原理を提言してきた．たとえば患者の「インフォームド・コンセント原理」はジョン・G. マルコム（John Gulton Malcolm），トム・L. ビーチャム（Tom Lamar Beauchamp, 1939-）およびジェイムズ・F. チルドレス（James Franklin Childress, 1940-）に由来する．この中間原理からさらなる規範的行為基準が導き出される．すなわち患者は，(1)情報を与えられ，疾病ならびに提案される治療のあらゆる局面について説明を受けなければならない．(2)患者は与えられた情報を理解することができなければならない．(3)患者の決定は自由に為されるものでなければならない．(4)患者は決定能力を保持しているべきである．(5)患者は処置に対して同意を与え，医師または療法士に権限を付与するのでなければならない．これらの公準において明らかとなるのは，「インフォームド・コンセント」という中間原理から診療機関の空間における道徳的に正当化された振る舞いに対していかなる帰結が導き出されるかということである．翻って「インフォームド・コンセント」の中間原理はそれ自身，より高次の道徳原理としての患者の自律原理を表現したものであり，まずはこの原理こそが，現実の行為の選択肢から帰結する諸局面を熟知した上でのインフォームド・コンセント原則を根拠付ける．このように応用倫理学の実践的熟慮において，普遍的原理の正当化根拠と行為の特殊な選択肢の分析とが反省的に媒介されることによって，診療機関における道徳的に正当化された振る舞いの基準一覧が段階的に導き出される．このようにして，媒介する原則，規則および規範，すなわち中間原理が根拠付けられるのである．

　だがその際に注意すべきことは，この中間原理はつねに複数存在し，多数の特殊な行為状況および個々の行為の選択肢に直面して，一貫した形で適用・応用しようとすれば必ず相互の緊張関係または矛盾さえも伴うということである．たとえば生命医療倫理においては，治療の多数のケースにおいてインフォー

ムド・コンセントが要求する患者の〔自己決定〕能力は，保証されていないか，まだ保証されないか，それとももはや保証されないかのいずれかであるということが示される．患者がインフォームド・コンセントを行う能力を持たない場合には，倫理学者は患者の自律というより高次の原理に鑑みて，場合によっては能力を持たない患者の代理となる者の道徳的役割を検討しなければならない．そうすると，患者の自律という道徳原則に代わって通常，患者の幸福が問われることになる．だがこの問いへの回答から強い規範的論証を，または治療行為のための基準を導き出すならば，ただちに明らかとなることは，患者の幸福という概念を倫理学的に想定しまた解釈する仕方が実に多様であるということである．患者の幸福は，倫理学的情緒主義者（1.2参照），アリストテレス主義者（2.1参照），功利主義者（2.2参照），カント主義者（2.3参照）さらに討議倫理学者（2.4参照）それぞれにおいて異なる仕方で解釈される．このように，本書で扱った倫理学モデルおよびその基本的な道徳原理は応用倫理学の領域においても構成的役割を果たす．

　このことから明らかなように，あらゆる種類の応用倫理学において見られる中間原理に依拠することは，それがいかに必要かつ不可避であったとしても，道徳的に正当なものについての最上の，最も普遍的な第一原理を根拠付けることなくしては，個別ケースにおける倫理的認識に到達することはできない．このことは生命医療倫理においては次のことを意味する．すなわち，患者の自律とインフォームド・コンセントという上述の２つの中間原理が倫理学的に説得力のある認識となるのは，ヒポクラテスの誓いにおいて表現されているように，危害の無条件の禁止と患者の幸福という条件付の命令という第一原理が，最上の道徳的優先規則として引き続き妥当する場合においてのみである．というのは，これら医師の振る舞いの第一原理に依拠するのでないならば，同意する能力を持たない患者の場合において医師は何を行うことが許され，また何を行うべきでないかが，規範的意味においてすでに当初から説明されないままとなるからである．

　こうした見地から導き出されるさらなる帰結は，道徳的振る舞いの諸問題を１つの規範，１つの優先規則，または１つの実践的認識原理に依拠することによって解決する道徳哲学の試みは，いずれも信憑性を欠き，また実践的に挫折

せざるを得ないということである．このことを証明する1つの——激しい論争の的となっている——例は，**ピーター・シンガー**（Peter Singer, 1946-）の『実践の倫理』における提案である．シンガーはとくに障碍者，胎児，または死に面している者との道徳的関わりの問題を論じている．彼は道徳的な「生きる権利」は，「自分の将来に関する欲求を持つ」ことのできる生命体にのみ付与すべきであると提案した[2]（ピーター・シンガー『実践の倫理』Stuttgart, 1984年，109頁）．このことによって彼は人間の命を奪うこと，危害を加えることの道徳的禁止が無効であると宣言し，それに代わって彼において道徳的最上規範として登場するのは，不偏不党の仕方で快を増大させ，不快を減少させるべきであるとする功利主義の命令であり，それは生命体がその都度明確に示す選好を尊重すべしという行為規範の形をとる．

　彼の命題に依拠する道徳哲学的議論が示しているのは，シンガーの命題は単に，たとえば彼が新生児の命を奪うことをカタツムリの命を奪うことと比較し，いずれの生命体にも生き続けることへの願望，または選好を有する能力が欠けているという理由で（同．参照），いずれも道徳的に支持することは可能であると述べるような場合に，従来妥当であると見なされてきた一連の道徳的信念と極端な緊張関係に置かれるということにとどまらない．彼の命題が証明しているのは，倫理的観念は応用倫理学の領域においては，振る舞いの多様な問題を道徳的に正当なものは何かという問いに答えるための単一の公理または原理に還元しようと試みるならばつねに過度に単純化され，したがって不適切なものとならざるを得ないということでもある．哲学的議論においてシンガーはまさにこの点でしばしば批判されている（とりわけニダ＝リューメリン『応用倫理学』Stuttgart, 2005年，69頁参照）．

(2) 動物倫理

　シンガーのもう1つの論証は，動物倫理に関する議論において重要な意義を持つ．これは「種差別」の論証であり，伝統的道徳哲学において支持されてきた，人間には道徳的に特別な地位が備わるとする考えは倫理学的に正当化し得ないと主張するものである．近年の倫理学諸理論はさまざまな形でこの論証に依拠している．すでに18世紀および19世紀における同情倫理の試みにおいて

(1.2参照)，また倫理学の根拠付けにおける功利主義モデルの文脈において（2.2参照），動物は受苦能力が備わればそれだけですでに道徳的に承認されなければならないという考察が準備されていた．**ジャン＝クロード・ヴォルフ**（Jean-Claude Wolf, 1953-）または**ウルズラ・ヴォルフ**らによる動物倫理に関する近年の論考は，動物は客体世界のモノとは異なる道徳的地位を有し，それに対応して独自の価値を有すると提言しており，この価値は必然的に応用倫理学のさらなる中間原理の定式化につながる．同様の洞察は近年のエコロジー倫理学の諸論考によっても提起される．エコロジー倫理学は，持続可能性の倫理学原理が不可欠であることを指摘することによって，生物と無生物とを含めた人間を取り囲む自然全体を特別な仕方で主題として取り上げ，これを哲学的倫理学の管轄領域に取り入れている．こうしたことはかつての倫理学では見られなかった．

(3) 人権の倫理

　近年の政治倫理または法倫理の議論においても，正統で道徳的に卓越した振る舞いのための中間原理の機能を引き受ける規範原理が見られる．それは人権への依拠であり，人権においては政治的行為の正統性だけではなく，政治体制および法制度の法道徳的性質が吟味される．ここで人権の原理は同時に，政治的行為または法的行為の規範的規則を，個別国家の活動および管轄領域をはるかに超えて与えるという機能を果たす．そこで人権においては，グローバル化の過程において新たな行為者および政治的・法的に重要な諸制度が誕生するという事実もまた反映されており，これらは政治理論の古典的道具立てとしての個別国家および伝統的国際法によってはもはや適切に評価することはできない．

　個別国家の内部での，また個別国家を超えたところでの，政治的行為および法的行為の原理としての人権の役割に鑑みるなら，人権の規定は個々のケースに応じた解釈を相当程度必要としていることは明らかであり，政治文化およびその都度の状況を背景として初めて適用することが可能である．だがこのことは，人権の無条件の妥当および承認への規範的要求を弱めるものではない．人権が実際に，応用倫理学との関連において中間原理の役割を果たすということは，人権がそれ自身さまざまな根拠付けに負うものであるということにおいて

示される．つまり人権はカント倫理学またはハーバーマスの討議倫理学のみならず，特殊な諸前提において功利主義倫理学および，場合によってはアリストテレスまたは社会契約理論に依拠しつつ根拠付けることが可能である．こうしたさまざまな根拠付けのモデルは，それぞれの仕方で，応用倫理学がその都度人権に付与する内容および／または拘束性の度合いに影響を与える．だがこのことは機を改めて詳述する必要があろう．ここでわれわれにとって重要であるのはただ，中間原理——ここでは政治倫理または法倫理における人権の想定——がわれわれの政治的行為において，実に多様な出所と文化的特性とを有する行為者間の見解の一致に達するための手段として適しているということの確認である．このことは倫理学的根拠付けにおいて食い違いが生じるかもしれないこと，否それどころかそのことが不可避であるにもかかわらず妥当する．

そこで領域倫理における中間原理は一方においては，現代社会における倫理的多元主義という事実に考慮を払う．他方においてそれは，道徳的に正当なものの認識に際して普遍的第一原理と行為実践との媒介を行うだけでなく，状況によっては生活世界の具体的振る舞いにおいても，行為参加者および行為関係者のもとで高次の道徳的合意をもたらすこともある．中間原理のこのようなプラグマティックな役割は極めて重要であり，実際この役割において中間原理は，現代の倫理学的議論において認識上および行為実践上不可避の機能を果たしている．

[練習問題]
1. 応用倫理学における「中間」原理にはどのような役割が備わるであろうか．本章で挙げた「中間」原理のうち1つを例として挙げて自身の見解を述べてみよう．

⓭ 応用倫理学

哲学的倫理学は，道徳的に正当な振る舞いのための普遍的原理，原則，規範または規則の根拠付けおよび正当化と並んで，これらのものの適用・応用に関する論究をも必要とする．だが原理，原則，規範または規則の適用・応用の問

題は，ただ論理的演繹の範型に依拠するだけでは解決することはできない．むしろ実践的適用・応用の問題は根拠付けの問題にも影響を及ぼす．それは逆に，一般倫理学が実践理論として，つねに具体的振る舞いの道徳的問題をその出発点とするのと同様である．

　カントに依拠しつつ，「規定的」実践判断力と「反省的」実践判断力とを区別することが可能である．規定的判断力は，すでに定式化されている普遍的規則に従って，個々の行為の実践的評価を探求するのに対し，反省的判断力はこれらの規則そのものを見出しかつあらためて根拠付けなければならない．そこで応用倫理学の課題は，「反省的」実践判断力の意味において「中間」原理または原則を根拠付け，それによって最上の道徳原理・規則と，道徳性に関わる実践の要求事項とを媒介することである．このことによって応用倫理学は，われわれの生活世界の行為空間における多元化，差異化および近代化の過程に対処する．

　いわゆる領域倫理によって定式化された中間原理は，一方における道徳的に正当なものの根拠付けのためのさまざまな倫理学モデルおよびその第一原理と，他方における道徳的実践の諸問題とを，さまざまな仕方で各領域にふさわしい仕方で媒介することが可能である．このようにして中間原理は，現代社会における道徳の多元性を必ずしも疑問に付すことなく，なおかつ振る舞いにおける合意形成および道徳的方向付けに対して重要な貢献を為す．

訳注
1） 倫理の一般的原理もしくは規範を個々の事例（casus）に適用することにかかわる倫理神学ないし倫理学の応用部門．
2） 「自分の将来に関する欲求」とは，学者が重要な学説を書物に著そうとすること，学生が卒業したいと考えること，子供が飛行機に乗ってみたいと望むこと，等である．シンガーによれば，これらの人びとの生きる権利を本人の同意なく奪うことは，その人びとが将来に向かって持っている欲求を妨害することになるが故に容認できないのである．ピーター・シンガー『実践の倫理』，昭和堂，1991年，102頁．

エピローグ
なぜ道徳的であるべきか

　「なぜ私はそもそも道徳的であるべきか．またなぜ私は道徳的に振る舞うべきか」．この２つの問いは１つの中心的問題に収斂する．すなわちこれらは，われわれの倫理学に関する考察の出発点となっている前提を疑問に付しているのである．ここで問題となっているのは，われわれは行為においてつねにすでに道徳的方向付けに即して振る舞い，道徳的に正当なものの基準に関心を寄せているという想定である．行為のさまざまなタイプの分析(3.1参照)においては，他のタイプの行為から区別されるこの種の〔道徳的〕行為が存在するということが明らかとなった．上述の問いにおいては，まさにこの洞察こそが吟味にかけられているのである．人は行為において道徳的に正当なものにおいて普遍的方向付けを持つということを前提としてよいだろうか．そうすべきであるとすればその根拠は何であろうか．
　これらの問いに対し哲学的に回答するためには，第１に，これらの問いがまったく異なる仕方で理解される可能性があるということを認識しておくのが有効である．基本的に確認し得るのは，このように立てられた問いはレトリカルな性質のものではまったくなく，またあらゆるものを疑問に付すという哲学者の傾向性に対応しているのでもないということである．またわれわれは，この問いを発する人が自分の語っていることの意味を理解していないと単純に主張するのでもない．たとえば，真理を述べる義務を疑う人の発する問い〔「なぜ矛盾律が是当でなければならないか」〕に対するアリストテレスの反応は，まさにこのようなものであった．[1)]「なぜ道徳的であるべきか」「なぜ道徳的に振る舞うべきか」という問いにわれわれは，私生活においても政治生活においてもつねに繰り返し直面する．そのため，これらの問いは文学・演劇・映画のテーマとして繰り返し取り上げられてきた．特徴的であるのは，そしてこの点が第２の論点なのだが，道徳性への問いがここではまったく個人的に立てられているということである．誰かが（あるいはわれわれ自身が，各人が，それぞれみずから）な

ぜ自分が道徳的であるべきで，また道徳的に振る舞うべきであるのか，ということを問うのである．その際，このように問う人は，道徳的である，または道徳的に振る舞うとは何を意味するのかということについて初歩的な理解を十分に持つものと前提してよい．

このように理解するなら，上述の2つ問いにおいてはそれぞれ異質な事柄が問われているということが明白となる．

第1の問いにおいては，問う者の基本的態度，方向付けまたは姿勢が念頭に置かれている．最終的には，なぜ道徳的な人物であるべきなのか，あるいは少なくとも道徳的な人物となるべく努力すべきであるのかが問われているのである．

第2の問いにおいては，なぜ行為者（「私」）は特定の行為状況において具体的に，今ここで，自分の（「私の」）振る舞いを道徳的に正当なものの普遍的基準（それが厳密にはいかなる点にあるのであれ）に準拠させるべきであるのかが問われている．

両方の問いを区別することは容易である．これらの問いにおいては，アメリカの哲学者**ハリー・フランクファート**（Harry Frankfurt, 1929-）が意志の自由の問題を議論した際に区別することを提案した2つの側面が反映されている[2]．すなわち「私は，今ここで，何を為すことを望んでいるか」および「私はどのような人物であることを望んでいるか」である．

このことを前提として私は，「なぜ道徳的であるべきか」という問いの6つの解釈法を区別することを提案する．

最初の2つの解釈法においては，人はあらゆる道徳の外部にいるという自己理解を持ち，道徳に相当するもの，すなわち道徳的振る舞いまたは道徳的観点への方向付けが存在すること，または道徳に相当するものが認識可能であることを疑う．この態度は**無道徳主義者**の立場と名付けることができる．無道徳主義者は道徳が存在しないということを明確に知り得ると主張するか，または道徳的正当性に相当するものを認識し得るということを認識論的根拠から疑う．第1の場合においては無道徳主義者は**根本的な道徳批判者**であり，第2の場合においては**認識論的な道徳批判者**である．両方の立場は，無道徳主義者が自身の態度のために提起する根拠によって区別される．

第3の解釈法においては，人は上述の2種類の無道徳主義者のようにあらゆる道徳（または道徳認識）を疑うのではなく，同時代の社会または文化における支配的な道徳に対して根本的な疑問を呈する．この解釈法においては，いかなる理由からであれ，特定の行為を進んで行う意志がない場合に，〔それにもかかわらず〕当該行為を行うことを既存の道徳の慣習が要求する際に，なぜ道徳的であるべきかと問われる．ある時代または社会の道徳に対するあらゆる種類のこの反対の態度は，反道徳主義者の態度として特徴付けることができる．反道徳主義者は同時代のあらゆる支配的な道徳観念に反対し，単に善悪の彼岸に立つと主張するのみならず，生活世界において彼を取り囲む道徳の要求にも抵抗する．

　第4の解釈法においては，人はある時代と社会における道徳の規則および基準を熟知しているものの，これに従うのは私的な利益に適う限りにおいてであると説明する．哲学的倫理学においては正当な振る舞いのための倫理的基準が合理的方法によって探求されるが，この立場においては，この倫理的基準の地位を個人的利益が占める．この立場は倫理的エゴイズムの論法と称される．倫理的エゴイストは，合理的振る舞いが実際には利己的振る舞いであるというのに，いったいなぜ道徳的に振る舞うことが非利己主義的に振る舞うことでなければならないのかと問う．

　さらに別の解釈法においては，人は一方においては道徳的振る舞いのための倫理的基準を何らかの仕方で原則として承認するが，特殊なケースにおいて（または特別な規則に鑑みて）なぜよりによって今ここで具体的行為においてこの基準に従わなければならないのかと疑う．原則として大抵の，それどころかあらゆるケースに対して妥当すると彼が認めていることが，なぜ今彼自身にとっても無条件に妥当すべきであるかと問う者は，特殊なケースにおいて自分をいわば道徳の例外とすることを要求している．

　このような道徳の例外が個々の振る舞いにおいて根拠を伴って要求されるならば，第5の解釈法として道徳批判が登場する．道徳批判は，今ここでの個別ケースにおいて何が道徳的に適切なものであるかという点に関して例外または変更を容認しない，道徳的に正当なものの厳格な解釈法への批判の形において登場する．この立場は倫理的普遍主義への批判または厳格主義への批判として

特徴付けることができよう．

　この態度からさらに区別されるのが第6の解釈法である．倫理学は振る舞いの省察においてあるものを普遍的かつ明確に善または正として根拠付けるが，それをただ理論的かつ普遍的に提示するにとどまり，日常の実践を十分に動機付けるものとはならないのではないか．それなのになぜ日常の実践行為においてこの善または正に従わなければならないのか．この解釈法において人はこうしたことをより原理的に問う．この立場の背後にある態度を，動機の脆弱さの態度と称することができよう．

　「なぜ道徳的であるべきか」という問いはさらなる解釈が可能であると思われるが，さしあたりこれら6つの解釈法に対しては以下のように回答すべきであろう．

　第3，第4，第5の解釈法に含まれる道徳への批判は，道徳的に正当なものの特定の理解に対し，それぞれの仕方で反論を行っている．実践理論としての倫理学とはまさに，こうした反論を個別に評価しまた場合によっては論駁すべき場に他ならない．この反論をこそ倫理的討議に委ねることが可能なのである．そこでたとえば第5の解釈法は，徳倫理学的アプローチを試みるモデルに見られるようにある種の倫理的機会主義（機会原因説）[3]を唱える．第4の解釈法は，道徳的に正当なものの普遍的説得力を持つ基準を探求する倫理学の考察に対し，私的利益に依拠することによって回答する倫理的エゴイズムを標榜する．さらに第3の解釈法の要求する反道徳主義の立場は，通常，より善いまたはより高次の道徳を求める話者の洞察に由来する要求により，既存の支配的道徳が批判されるという形をとる．このことによってこれらすべての立場は，倫理的省察および倫理的論争の候補となる．だがこれらの解釈法は，正しく理解するなら，倫理および道徳の可能性または有意味性すらも根本的に疑うための候補ではまったくない．

　これに対し，無道徳主義者は別の立場をとる．無道徳主義の2つの解釈法においては，道徳は根本的に誤謬として，または人間の行為の性質の誤認として特徴付けられる．これらはそれぞれ異なる論拠によって主張される，理論的または認識論的立場である．そこでこの無道徳主義との論争において，まさにこの論拠が理論的に吟味されるのである．だがここでは，われわれの考察が出発

点とする行為者自身の視点，すなわち参加者の視点および実践的討議の内的論理が，原則的に適切な仕方で考慮に入れられていないものと推定される．そもそも，無道徳主義の2つのヴァリエーションのいずれかを支持する人自身，コミュニケーションの実践として規範的含意によって（したがって道徳的重要性を持つ観点によって）特徴付けることの可能な形態の行為に，論証を行うということそのものによってすでに参入している．このことは，無道徳主義者は遂行的自己矛盾の問題に取り組まなければならないこと，および自己の行為の実践において，明示的に承認しようとはしないながらも，少なくとも暗黙裡に特定の道徳的態度を念頭に置いていることを示唆している．第6の解釈法は，両方の無道徳主義者の立場と同様に，実践的な自己義務付けの適切な理解を欠いている．この理解は討議理論の分析によって示されたように，われわれの日常の実践に含まれているものである（3.3参照）．

訳注
1）「ところで，或る人々はこの原理〔矛盾律〕についてまでも論証を要求するが，これはかれらが教養を欠いているがためである．というのは，なにについては論証を求むべきであるが他のなにについては求むべきでないという区別を心得ていないのは，教養のない証拠だからである．」アリストテレス『形而上学（上）』，岩波文庫，123頁（1006a）．
2）ハリー・フランクファートは論文「意志の自由と人格の概念」（Freedom of the Will and the Concept of a Person, *The Journal of Philosophy*, Vol 68, No. 1, 1971）の中で，「一次的欲求（first-order desires）」と「二次的欲求（second-order desires）」とを区別し，前者を行為そのものへの欲求，後者をその欲求への欲求（行為を必ずしも必要としない，反省された欲求）としている．さらに二次的欲求を積極的意志内容とするとき，それは「二次的意志作用（second-order volitions）」となり，意志の自由を備えた人格の要件とされる．その時々の一次的欲求に脈絡なく従う「気まぐれ者（wanton）」とは異なり，「人格（person）」は直接的な一次的欲求と反省された二次的欲求との分裂を意識し，自己の本来の欲求を探究し，これを貫こうとする．その意味で，二次的欲求ないし二次的意志作用の主体は欲求と行為の対象を選択することを通じて人格のアイデンティティ（「私はどのような人物であるべきか」）を確立しようとしているのである．
3）機会原因説（Okkasionalismus）は，身体と心との二元論を前提とし，かつ，身体と心の間には因果的影響作用は認められず，これらを媒介するのはただ，身体運動や情動をきっかけ（機会）としてこれらに介入してくる神（の意志）のみであるとする立場である．この立場は神の意志を強調する主意主義（Voluntarismus）でもあり，普遍的・合理的な'自然'法則を認めない．このことから類比的に，「倫理的機会主義」とは，その都度の個別状況に応じて道徳性の基準が新たに創造されると見なし，その意味で道徳の限定された妥当性は認めるものの，道徳（法則）の普遍妥当性までは認めない立場のことであると推定される．

訳者あとがき

　本書は Matthias Lutz-Bachmann, *Grundkurs Philosophie Band 7, Ethik*, Reclam 2013の全訳である．本書を含む『哲学基礎講座』シリーズは，第1巻から第5巻までが理論哲学（論理学，形而上学と自然哲学，心の哲学と言語哲学，認識論と科学哲学，社会哲学：いずれも同シリーズの編者であるヴォルフガンク・デーテルが執筆）を，第6巻および本書の底本である第7巻が実践哲学（第6巻は政治哲学：ロビン・チェリカテスとシュテファン・ゴセパトの共著）を，それぞれ扱っている．

　本書を含めていずれの巻もドイツ・フランクフルト大学での初学者向け講義をもとに執筆されている．したがって本書は形式のうえでは「哲学入門」シリーズのうち「倫理学編」に当たることになるが，シリーズ全巻を訳出するのではなく，単独の書籍として訳出する都合上，表題を『倫理学基礎講座』とした．

　このように本書は倫理学の入門書の体裁をとってはいるものの，著者ルッツ＝バッハマン氏独自の倫理学観が全面的に展開されている点に特徴がある．徳倫理学，功利主義，義務倫理学に加え，討議倫理学に多くの紙幅が費やされている点は，批判的社会理論で知られるフランクフルト大学固有の伝統を反映していると言えるだろう．また，メタ倫理学および応用倫理学についても，簡潔ではあるがそれぞれ章が設けられている．全体として，とくに第3章において，倫理学史の再構成と応用的局面とを念頭に置きながら倫理学の基本概念（行為，徳，善・正・正義，自由と責任，実践理性）を検討する際に，メタ倫理学の動向を踏まえて独自の体系的見地が打ち出されている．

　一言でいえば，「善」に関する徳倫理学の評価的解釈と，「正義」を中心とする義務倫理学の規範的解釈との対立を，規範的「正」を中心に媒介・調停する試みが，本書の最大の特徴である．その際，カント的自己立法・自律を基本原理として受け入れつつ，カント義務論の広い射程，とりわけ定言命法における格率の普遍化可能性という形式的側面にとどまらない，人間の尊厳，および「同時に義務となり得る目的」といった実質的側面を積極的に評価することを通じて，倫理学の「統合的解釈」への方向性を指し示している．

徳論と義務論の媒介・調停のかなめとなるのが道徳的正当性の特殊性／普遍性をめぐる段階的把握（3.3）である．これは「善・正・正義」を体系的に捉える見地を明確に打ち出しつつ，倫理をめぐる日常的理解を理論的・学術的理解へと橋渡しすることを目指している．本書を通読することで，読者は倫理学史の基本事項を確認しながら，日々の行為および行為の指針（格率）を反省し，さらに生命医療倫理，動物倫理，人権の倫理等をめぐる理論的考察にみずから取り組むためのきっかけを得ることができるであろう．

　そもそも価値や規範はすべての人びとにとって，どの程度自覚されているかは別として，つねに直接の関心事である．そうである以上，これらを体系だった仕方で考察する「実践理論」としての倫理学もまた，程度の差はあれ万人の関心事であると言えよう．その意味で，上述のような特徴を持つ本書は，倫理的・倫理学的思索を深めたい人びとにとって格好の導き手となると思われる．

　著者マティアス・ルッツ＝バッハマン（Matthias Lutz-Bachmann）は現在，フランクフルト大学哲学・歴史学部教授として中世哲学，実践哲学，宗教哲学を担当している．彼の政治哲学論考についてはすでに，本書の日本語版序文に挙げられた諸著作の邦訳が公刊されているのでご参照いただきたい．

　本書の訳出に当たり，晃洋書房の井上芳郎氏，石風呂春香氏には，訳者の遅々とした作業の進展と校正作業時の無理なお願いをご寛恕いただき，つねに懇切丁寧にご対応いただいた．また本書の公刊に際しては，広島大学大学院文学研究科の後藤弘志教授にご支援いただいた．この場をお借りして謝意を表したい．

文献案内

1.1 哲学的倫理学
Birnbacher, D./Hoerster, N. (Hg.), Texte zur Ethik, München 1980
Honnefelder, L./Krieger, G. (Hg.), Philosophische Propädeutik Band 2: Ethik, Paderborn 1996
Irrgang, B./Lutz-Bachmann, M. (Hg.), Begründung von Ethik, Würzburg 1990
Pauer-Studer, Herlinde, Einführung in die Ethik, Wien 2000
Pieper, Annemarie, Einführung in die Ethik, Tübingen 1994（アンネマリー・ピーパー『倫理学入門』越部良一／中山剛史／御子柴善之訳，文化書房博文社，1997年）
Pieper, Annemarie, Ethik und Moral, München 1995
Quante, Michael, Einführung in die Allgemeine Ethik, Darmstadt 2003
Ricken, Friedo, Allgemeine Ethik, Stuttgart 1983
Spaemann, R./ Schweidler, W. (Hg.), Ethik, Lehr- und Lesebuch, Stuttgart 2006
Steinvorth, Ulrich, Klassische und moderne Ethik, Reinbeck 1990
Taylor, Charles, Quellen des Selbst, Frankfurt 1994（チャールズ・テイラー『自我の源泉：近代的アイデンティティの形成』下川潔／桜井徹／田中智彦訳，名古屋大学出版会，2010年）
Tugendhat, Ernst, Vorlesung über Ethik, Frankfurt/M. 1993
Von der Pfordten, Dietmar, Normative Ethik, Berlin/New York 2010
Williams, Bernard, Der Begriff der Moral, Stuttgart 1978

1.2 メタ倫理学
Ayer, Alfred J., Sprache, Wahrheit und Logik, Stuttgart 1970（A. J. エイヤー『言語・真理・論理』吉田夏彦訳，1955年）
Grewendorf, G./Meggle, G. (Hg.), Seminar: Sprache und Ethik, Frankfurt/M. 1994
Halbig, Christoph, Praktische Gründe und die Realität der Moral, Frankfurt/M. 2007
Hare, Richard M., Die Sprache der Moral, Frankfurt/M. 1972（R. M. ヘア『道徳の言語』小泉仰／大久保正健訳，勁草書房，1982年）
Moore, Georg E., Principia Ethica, Stuttgart 1996（G. E. ムーア『倫理学原理』深谷昭三訳，三和書房，1977年，G. E. ムア『倫理学原理』泉谷周三郎／寺中平治／星野勉訳，三和書籍，2010年）
Riedinger, Monika, Das Wort 'gut' in der angelsächsischen Metaethik, Freiburg/München 1984
Schaber, Peter, Moralischer Realismus, Freiburg/München 1997
Stevenson, Charles L., Ethics and language, New Haven 1944
Willaschek, Marcus (Hg.), Realismus, Paderborn 2000

1.3 倫理学のさまざまな方法

Anzenbacher, Arno, Einführung in die Ethik, Düsseldorf 1992
Broad, Charles D., Five types of ethical theory, London 1930
Foot, Philippa (Hg.), Theories of ethics, Oxford 1970
Frankena, William K., Analytische Ethik, München 1972（ウィリアム・K. フランケナ『倫理学』枕下隆英訳，培風館，1967年）
Hare, Richard M., Moralisches Denken: seine Ebenen, seine Methode, sein Witz, Frankfurt/M. 1992（R. M. ヘア『道徳的に考えること：レベル・方法・要点』内井惣七／山内友三郎監訳，勁草書房，1994年）
Kutschera, Franz von, Einführung in die Logik der Werte, Normen und Entscheidungen, Freiburg/München 1973
Kutschera, Franz von, Grundlagen der Ethik, Berlin/New York 1982
Nida-Rümelin, Julian (Hg.), Angewandte Ethik, Stuttgart 2005
Ott, Konrad, Moralbegründungen, Hamburg 2001
Patzig, Günther, Ethik ohne Metaphysik, Göttingen 1971
Pieper, Annemarie (Hg.), Geschichte der neueren Ethik, 2 Bände, Tübingen/Basel 1992
Schulz, Walter, Grundprobleme der Ethik, Pfullingen 1993
Sellars, W./Hospers, J. (Hg.), Reading in ethical theory, New York 1970（ウィルフリッド・セラーズ／ジョン・ホスパーズ編『現代英米の倫理学』現代倫理研究会訳 1-5，福村書店, 1959）
Wimmer, Reiner, Universalisierung in der Ethik, Frankfurt/M. 1980

2.1 アリストテレスの徳倫理学

Annas, Julia, The morality of happiness, Oxford 1993
Aristoteles, Nikomachische Ethik, übersetzt aus dem Griechischen von F. Dirlmeier, Berlin 1983 bzw. O. Gigon, München 1998（アリストテレス『ニコマコス倫理学』高田三郎訳，岩波文庫，1971年，加藤信朗訳『アリストテレス全集13』（旧版）岩波書店，1973年，朴一功訳，京都大学学術出版会，2002年，神崎繁訳，『アリストテレス全集15』（新版）岩波書店，2014年，渡辺邦夫／立花幸司訳，光文社古典新訳文庫，2015-2016年）
Aubenque, Pierre, La prudence chez Aristote, Paris 1963
Barnes, J./Schofield, M./Sorabji,R. (Hg.), Articles on Aristotle, 2 Bände, Ethics and politics, New York 1978
Engstroem, St./Whiting, J. (Hd.), Aristotle, Kant and the Stoics, Cambridge 1996
Höffe, Otfried (Hg.), Aristoteles, Nikomachische Ethik, Reihe Klassiker Auslegen, Berlin 1995
Höffe, Otfried, Aristoteles, München 1999
Kenny, Anthony, The Aristotelian ethics, Oxford 1978
Kraut, Richard, Aristotle on the human good, New Jersey 1989
Rorty, Amelie O. (Hg.), Essays on Aristotle's ethics, Berkeley/Los Angeles/London 1980
Sherman, Nancy (Hg.), Aristotle's ethics. Critical essays, New York/Oxford 1999
Sherman, Nancy, The fabric of character, Aristotle's theory of virtue, Oxford 1989
Wolf, Ursula, Aristoteles' „Nikomachische Ethik", Darmstadt 2002

2.2 功利主義的帰結主義

Bentham, Jeremy, An introduction to the principles of morals and legislation, Oxford 1996 (ベンサム「道徳および立法の諸原理序説」〔抄訳〕山下重一訳,『世界の名著49 ベンサム/J.S. ミル』中央公論, 1979年)

Gähde, Ulrich/Schrader, Wolfgang, der klassische Utilitarismus, Berlin 1992

Hoerster, Norbert, Utilitaristische Ethik und Verallgemeinerung, Frankfurt/M. 1977

Höffe, Otfried (Hg.), Einführung in die utilitaristische Ethik, Tübingen 1992

Lutz-Bachmann, M., Herausgeforderte Menschenwürde: Peter Singers Präferenz-Utilitarismus in der Diskussion, in: Brose, Th/Lutz-Bachmann, M., Umstrittene Menschenwürde. Berlin 1994, S. 199-215

Mill, John Stuart, Der Utilitarismus, Stuttgart 1976 (J. S. ミル「功利主義論」伊原吉之助訳,『世界の名著49 ベンサム・J.S. ミル』中央公論新社, 1979年)

Rawls, John, Eine Theorie der Gerechtigkeit, Frankfurt/M. 1975 (ジョン・ロールズ『正義論』矢島鈞次監訳, 紀伊國屋書店, 1979年, 川本隆史/福間聡/神島裕子訳, 紀伊國屋書店, 2010年)

Sidgwick, Henry, The methods of ethics, Indianapolis/Oxford 1981

Singer, Peter, Praktische Ethik. Stuttgart 1984 (ピーター・シンガー『実践の倫理』山内友三郎/塚崎智監訳, 昭和堂, 1999年)

Smart, J.J.C./Williams, B. (Hg.), Utilitarianism for and against, Cambridge 1973

Wolf, Jean-Claude, John Stuart Mills "Utilitarismus", Freiburg/München 1972

2.3 カントの義務論的倫理学

Ameriks, Karl, Kant and the fate of autonomy, Cambridge 2000

Beck, Lewis W., Kants „Kritik der praktischen Vernunft". Ein Kommentar, München 1974 (ルイス・ホワイト・ベック『カント『実践理性批判』の注解』藤田昇吾 訳, 新地書房, 1985年)

Forschner, Maximilian, Gesetz und Freiheit. Zum Problem der Autonomie bei Kant, München/Salzburg 1994

Höffe, Otfried (Hg.), Grundlegung zur Metaphysik der Sitten. Ein kooperativer Kommentar, Frankfurt/M. 1989

Höffe, Otfried (Hg.), Kant, Kritik der praktischen Vernunft, Reihe Klassiker Auslegen, Berlin 2002

Höffe, Otfried, Immanuel Kant, München 2000 (オットフリート・ヘッフェ『イマヌエル・カント』藪木栄夫訳, 法政大学出版局, 1991年)

Kant, Immanuel, Die Metaphysik der Sitten, Akademie Ausgabe VI, Berlin 1968 (カント『道徳哲学』白井成允/小倉貞秀訳, 岩波文庫, 1954年〔「徳論」のみの訳〕,「人倫の形而上学」加藤新平/三島淑臣/森口美都男/佐藤全弘訳,『世界の名著39 カント』中央公論新社, 1972年,「人倫の形而上学」吉沢伝三郎/尾田幸雄訳,『カント全集』第11巻, 理想社, 1969年,「人倫の形而上学」樽井正義/池尾恭一訳,『カント全集』第11巻, 岩波書店, 2002年)

Kant, Immanuel, Grundlegung zur Metaphysik der Sitten, Akademie Ausgabe IV, Berlin 1968 (カント「人倫の形而上学の基礎づけ」深作守文訳,『カント全集7』理想社,

1965年，『道徳形而上学原論』篠田英雄訳，岩波文庫，1976年，「人倫の形而上学の基礎づけ」平田俊博訳，『カント全集7』岩波書店，2000年，「人倫の形而上学の基礎づけ」野田又夫訳，『プロレゴーメナ・人倫の形而上学の基礎づけ』中央公論新社（中公クラシックス），2005年〔『世界の名著39　カント』中央公論新社，1972年〕，『道徳形而上学の基礎づけ』中山元訳，光文社（光文社古典新訳文庫），2012年，「倫理の形而上学の基礎づけ」熊野純彦訳，『実践理性批判・倫理の形而上学の基礎づけ』作品社，2013年）

Kant, Immanuel, Kritik der praktischen Vernunft, Akademie Ausgabe V, Berlin 1968（カント『実践理性批判』波多野精一／宮本和吉訳，1979年，「実践理性批判」深作守文訳，『カント全集7』理想社，1965年，「実践理性批判」樫山欽四郎訳，『世界の大思想16　カント（下）』河出書房新社，1974年，「実践理性批判」坂部恵／伊古田理訳，『カント全集7』岩波書店，2000年，『実践理性批判』熊野純彦訳，作品社，2013年，『実践理性批判』中山元訳，光文社（光文社古典新訳文庫），2013年）

Kaulbach, Friedrich, Immanuel Kants „Grundlegung zur Metaphysik der Sitten", Interpretation und Kommentar, Darmstadt 1989

Korsgaard, Christine M., Creating a kingdom of ends, Cambridge 1996

Nisters, Thomas, Kants kategorischer Imperativ als Leitfaden humaner Praxis, Freiburg/München 1989

O'Neill, Onora, Constructions of reason. Explorations of Kant's practical Philosophy, Cambridge 1989

Paton, Herbert J., Der kategorische Imperativ, Berlin 1962（H. J. ペイトン『定言命法　カント倫理学研究』杉田聡訳，行路社，1985年）

Prauss, Gerold, Kant über Freiheit als Autonomie, Frankfurt/M. 1983

Schönecker, D./Wood, A. (Hg.), Kants „Grundlegung zur Metaphysik der Sitten", Paderborn 2002

Steigleder, Klaus, Kants Moralphilosophie, Stuttgart/Weimar 2002

Sullivan, Roger J. Immanuel Kant's moral theory, Cambridge 1989

Sullivan, Roger J., An introduction to Kant's ethics, Cambridge 1997

Wood, Allan, Kant's ethical thought, Cambridge 1999

2.4　討議倫理学

Apel, Karl-Otto, Diskursethik als Verantwortungsethik, in: G. Schönrich/Y. Kato (Hg.), Kant in der Diskussion der Moderne, Frankfurt/M. 1996, S. 326-359

Apel, Karl-Otto, Fallibilismus, Konsenstheorie der Wahrheit und Letztbegründung, in: Philosophie und Begründung, hg. Forum für Philosophie, Frankfurt 1987, S. 116-211

Apel, Karl-Otto, Transformation der Philosophie, 2 Bände, Frankfurt 1976（カール＝オットー・アーペル『哲学の変換』磯江景孜他訳，二玄社，1986年）

Böhler, Dietrich, Verbindlichkeit aus dem Diskurs, Freiburg 2008

Habermas, Jürgen, Erläuterungen zur Diskursethik, Frankfurt/M. 1991（ユルゲン・ハーバーマス『討議倫理』清水多吉／朝倉輝一訳，法政大学出版局，2005年）

Habermas, Moralbewußtsein und kommunikatives Handeln, Frankfurt 1983（ユルゲン・ハーバマス『道徳意識とコミュニケーション行為』三島憲一／中野敏男／木前利秋訳，岩波書店，2000年）

Habermas, Jürgen, Theorie des kommunikativen Handelns, 2 Bände, Frankfurt/M. 1981（ユルゲン・ハーバーマス『コミュニケイション的行為の理論（上）（中）（下）』河上倫逸／平井俊彦／藤澤賢一郎／岩倉正博／丸山高司／厚東洋輔他訳，未来社，1985-1987年）
Kuhlmann, Wolfgang (Hg.), Moralität und Sittlichkeit, Frankfurt/M. 1986
Kuhlmann, Wolfgang, Beiträge zur Diskursethik, Würzburg 2006

3.1 行　為
Anscombe, G.E.M., Absicht, Freiburg/München 1986（G.E.M. アンスコム『インテンション：実践知の考察』菅豊彦訳，産業図書，1984年）
Beckermann, Ansgar (Hg.), Anlytische Handlungstheorie, Band 2, Frankfurt/M. 1977
Birnbacher, Dieter, Tun und Unterlassen, Stuttgart 1995
Davidson, Donald, Essays on actions and events, Oxford 1980（D. デイヴィドソン『行為と出来事』服部裕幸／柴田正良訳，勁草書房，1990年）
Keil, Geert, Handeln und Verursachen, Frankfurt 2000
Leist, Anton, Die gute Handlung, Berlin 2000
Meggle, Georg (Hg.), Analytische Handlungstheorie Band 1, Frankfurt/M. 1985
O'Connor, Timothy (Hg.), Agents, causes, and events, New York 1995
Runggaldier, Edmund, Was sind Handlungen?, Stuttgart 1996
Stoecker, Ralph, Handlungen, Berlin 2007

3.2 徳
Crisp, Roger/Slote, Michael (Hg.), Virtue Ethics, Oxford 1997
Foot, Philippa, Virtues and vices and other essays in moral philosophy, Oxford 1978.
Geach, Peter, The virtues, Cambridge 1972
Hursthouse, Rosalind, On virtue ethics, Oxford 1999（R. ハーストハウス『徳倫理学について』土橋茂樹訳，知泉書院，2014年）
MacIntyre, Alasdair, Der Verlust der Tugend, Frankfurt/M. 1995（アラスデア・マッキンタイア『美徳なき時代』篠崎栄訳，1993年，みすず書房）
Müller, Anselm Winfried, Was taugt die Tugend? Elemente einer Ethik des guten Lebens, Stuttgart/Berlin/Köln 1998（アンゼルム・W. ミュラー『徳は何の役に立つのか？』越智貢監修，後藤弘志編訳，晃洋書房，2017年）
O'Neill, Onora, Towards justice and virtue, New York 1996
Rippe, K.P./Schaber (Hg.), Tugendethik, Stuttgart 1978
Sherman, Nancy, Making a necessity of virtue, Cambridge 1997
Wolf, Ursula, Die Philosophie und die Frage nach dem guten Leben, Reinbek 1999
Wolf, Ursula, Die Suche nach dem guten Leben, Reinbek 1996

3.3 善，正，正義
Foot, Philippa, Die Natur des Guten, Frankfurt/M. 2004（フィリッパ・フット『人間にとって善とは何か：徳倫理学入門』高橋久一郎監訳，筑摩書房，2014年）
Foot, Philippa, Die Wirklichkeit des Guten, Frankfurt/M. 1997
Geach, Peter, Good and Evil, in: Analysis 17 (1956), S. 33-42

Griffin, J., Well-Being, Oxford 1986
Kluxen, Wolfgang, Philosophische Ethik bei Thomas von Aquin, Hamburg 1980
Lutz-Bachmann, M., Das Verhältnis von Ethik und Recht: Der Rekurs auf die Menschenwürde, in: G. Frank u.a.（Hg.）, Erzählende Vernunft, Berlin 2006, S.367-375
Murdoch, Iris, The sovereignty of good, London 1970（I. マードック『善の至高性：プラトニズムの視点から』菅豊彦／古林信行訳，九州大学出版会，1992年）
Ross, William D., The right and the good, Oxford 1930
Szaif, Jan/Lutz-Bachmann, Matthias（Hg.）, Was ist das für den Menschen Gute?, Berlin/New York 2004
Talbott, William J., Human rights and human well-being, Oxford 2010
Von Wright, Georg, The Varieties of Goodness, London 1963

3.4 自由と責任

Bayertz, Kurt（Hg.）, Verantwortung: Prinzip oder Problem?, Darmstadt 1995
Fischer, John Martin, The metaphysics of free will, Oxford 1994
Frankfurt, Harry, Alternate possibilities and moral responsibility, in : The Journal of Philosophy 64（1969）S. 828-839（ハリー・G. フランクファート「選択可能性と道徳的責任」三ツ野陽介訳，門脇俊介／野矢茂樹編『自由と行為の哲学』春秋社，2010年）
Hare, Richard D., Freiheit und Vernunft, Frankfurt/M. 1973（R. M. ヘア『自由と理性』山内友三郎訳，理想社，1982年）
Höffe, Otfried, Moral als Preis der Moderne, Frankfurt 1993
Honnefelder, Ludger/Schmidt, Matthias C.（Hg.）, Naturalismus als Paradigma. Wie weit reicht die naturwissenschaftliche Erklärung des Menschen?, Berlin 2007
Honnefelder, Ludger/Schmidt, Matthias C.（Hg.）, Was heißt heute Verantwortung?, Paderborn 2008
Jonas, Hans, Das Prinzip Verantwortung, Frankfurt/M. 1984（ハンス・ヨナス『責任という原理：科学技術文明のための倫理学の試み』加藤尚武監訳，東信堂，2010年）
Kane, Robert（Hg.）, The Oxford handbook of the free will, New York 2002
Kane, Robert, The significance of the free will, Oxford 1992
Kenny, Anthony, Will, freedom and power, Oxford 1975
Krings, Hermann, System und Freiheit, Freiburg/München 1980
Lutz-Bachmann, Matthias（Hg.）, Freiheit und Verantwortung, Berlin 1991
Nida-Rümelin, Julian, Verantwortung, Stuttgart 2012
Pauen, Michael, Freiheit: Eine Minimalkonzeption, Fr. Hermanni/P.Koslowski（Hg.）, Der freie und unfreie Wille, München 2004, S. 79-112
Pauen, Michael, Illusion Freiheit？Mögliche und unmögliche Konsequenzen aus der Hirnforschung, Frankfurt/M. 2004
Pothast, Ulrich（Hg.）, Seminar: Freies Handeln und Determinismus, Frankfurt/M. 1978
Van Inwagen, Peter, An essay on free will, Oxford 1995

3.5 実践理性

Höffe, Otfried, Kants Idee der reinen Vernunft, München 2003

Honnefelder, Ludger (Hg.), Sittliche Lebensform und praktische Vernunft, Paderborn 1992
Honnefelder, Ludger, Was soll ich tun, wer will ich sein? Vernunft und Verantwortung, Gewissen und Schuld, Berlin 2007
Korff, Wilhelm, Norm und Sittlichkeit, Freiburg/München 1985
Nida-Rümelin, Julian (Hg.), Praktische Rationalität, Berlin/New York 1994
Pauer-Studer, Herlinde (Hg.), Konstruktionen praktischer Vernunft, Frankfurt/M. 2000
Willaschek, Marcus, Praktische Vernunft. Handlungstheorie und Moralbegründung bei Kant, Stuttgart 1992

4.1 倫理原則の根拠付けおよび応用

Ach, Johann S./Runtenberg, Christa (Hg.), Bioethik: Disziplin und Diskurs. Zur Selbstaufklärung angewandter Ethik, Frankfurt/M./New York 2002
Bayertz, Kurt (Hg.), Praktische Philosophie. Grundorientierung angewandter Ethik, Reinbek 1991
Nida-Rümelin, Julian (Hg.), Angewandte Ethik. Die Bereichsethiken und ihre theoretische Fundierung. Ein Handbuch, Stuttgart 2005
Pieper, Annemarie/Thurnherr, Urs (Hg.), Angewandte Ethik, München 1998
Thurnherr, Urs, Angewandte Ethik zur Einführung, Hamburg 2000

4.2 道徳の多元化の時代における倫理学

Debatin, Bernhard/Funiok, Rüdiger (Hg.), Kommunikations- und Medienethik, Konstanz 2003
Haller, Michael/Holzhey, Helmut (Hg.), Medien-Ethik, Opladen 1992
Hengsbach, Friedhelm, Wirtschaftsethik, Freiburg 1991
Höffe, Otfried, Kategorische Rechtsprinzipien, 2. Auflage., Frankfurt/M. 1995
Homann, Karl (Hg.), Aktuelle Probleme der Wirtschaftsethik, Berlin 1992
Homann, Karl/Blome-Drees, Franz, Wirtschafts- und Unternehmensethik, Göttingen 1987
Hubig, Christoph, Technik- und Wissenschaftsethik. Ein Leitfaden, 2. Auflage., Berlin 1995
Korff, Wilhelm u.a. (Hg.), Handbuch der Wirtschaftsethik, 4 Bände, 2. Auflage., Berlin 2009
Korff, Wilhelm/Beck, Lutwin/Mikat, Paul (Hg.), Lexikon der Bioethik, 3 Bände, Gütersloh 2000
Koslowski, Peter (Hg.), Neuere Entwicklungen in der Wirtschaftsethik und Wirtschaftsphilosophie, Berlin 1992
Lenk, Hans, Wissenschaft und Ethik, Stuttgart 1991
Lenk, Hans/Ropohl, Günter (Hg.), Technik und Ethik, 2. Auflage., Stuttgart 1993
Maier, Hans (Hg.), Ethik der Kommunikation, Fribourg 1989
Nagl-Docekal, Herta/Pauer-Studer, Herlinde (Hg.), Jenseits der Geschlechtermoral, Frankfurt/M. 1993
Nunner-Winkler, Gertrud (Hg.), Weibliche Moral. Die Kontroverse um eine geschlechtsspezifische Ethik, Frankfurt/M. 1991
Wiegerling, Klaus, Medienethik, Stuttgart/Weimar 1998

Wieland, Josef (Hg.), Wirtschaftsethik und Theorie der Gesellschaft, Frankfurt/M. 1993
Zimmerli, Walther Ch., Ethik in der Praxis. Wege zur Realisierung einer Technikethik, Hannover 1998

4.3 応用倫理学の「中間」原理

Beauchamps, Tom L. (Hg.), Case Studies in Business, Society and Ethics, Englewood Cliffs, 4. Auflage., New Jersey 1998

Beauchamps, Tom L./Childress, James F., Principles of Biomedical Ethics, New York/London 2001, 5. Auflage（トム・L. ビーチャム，ジェイムズ・F. チルドレス『生命医学倫理』立木教夫／足立智孝監訳，麗澤大学出版会，2009年）

Birnbacher, Dieter (Hg.), Ökologie und Ethik, Stuttgart 1986

Brose, Thomas/Lutz-Bachmann, Matthias (Hg.), Umstrittene Menschenwürde. Beiträge zur ethischen Debatte der Gegenwart, Hildesheim 1994

Düwell, Marcus/Steigleder, Klaus (Hg.), Bioethik. Eine Einführung, Frankfurt/M. 2003

Honnefelder, Ludger/Rager, Günther (Hg.), Ärztliches Urteilen und Handeln. Zur Grundlegung einer medizinischen Ethik, Frankfurt/M./Leipzig 1994

Hursthouse, Rosalind, Ethics, Humans and Other Animals, London 2000

Irrgang, Bernhard, Einführung in die Bioethik, München 2005

Krebs, Angelika (Hg.), Naturethik, Frankfurt/M. 1997（アンゲーリカ・クレプス『自然倫理学：ひとつの見取図』加藤泰史／高畑祐人訳，みすず書房，2009年）

Malcolm, James G., Treatment choices and informed consent, Springfield 1988

Ott, Konrad, Ökologie und Ethik, 2. Auflage., Tübingen 1994

Regan, Tom, Defending Animal Rights, Illinois 2001

Regan, Tom/Singer, Peter (Hg.) Animal Rights and Human Obligations, Englewood Cliffs, New Jersey 1976

Singer, Peter, Befreiung der Tiere. Eine neue Ethik zur Behandlung der Tiere, München 1982（ピーター・シンガー『動物の解放』戸田清訳，人文書院，2011年）

Singer, Peter, Practical Ethics, Cambridge 1982; deutsche Ausgabe: Praktische Ethik, Stuttgart 1984（ピーター・シンガー『実践の倫理』山内友三郎／塚崎智監訳，昭和堂，1999年）

Von der Pfordten, Dietmar, Ökologische Ethik, Reinbek 1996

Von der Pfordten, Dietmar, Rechtsethik, 2. Auflage., München 2011

Wolf, Jean-Claude, Tierethik, Freiburg 1992

Wolf, Ursula, „Verpflichtungen gegen Tiere", in: Zeitschrift für Philosophische Forschung 42 (1988), S. 222-246

Wolf, Ursula, Das Tier in der Moral, Frankfurt/M. 1990

Wolf, Ursula, Texte zur Tierethik, Stuttgart 2008

人名索引

〈ア行〉

アーペル, カール=オットー　Apel, Karl-Otto　29, 32, 63-65, 67, 70, 73, 74
アーレント, ハンナ　Arendt, Hannah　37
アウグスティヌス　Augustinus　51, 116
アベラール　Abaelard　116
アリストテレス　Aristoteles　1, 8, 9, 13, 32-39, 41, 51, 52, 63, 64, 70-72, 80, 81, 84, 88, 89, 91-95, 97, 99-104, 109, 116, 125, 126, 128, 129, 134, 135, 140, 146, 149, 151
アルベルトゥス・マグヌス　Albert der Große　51
アンスコム, エリザベス　Anscombe, Elisabeth　35
ヴィトゲンシュタイン, ルートヴィヒ　Wittgenstein, Ludwig　26, 64, 83, 86
ウィリアムズ, バーナード　Williams, Bernard　94
ヴェーバー, マックス　Weber, Max　52, 55, 121
ヴォルフ, ウルズラ　Wolf, Ursula　89, 148,
ヴォルフ, ジャン=クロード　Wolf, Jean-Claude　148
エイヤー, アルフレッド J.　Ayer, Alfred J.　14
エピクロス　Epikur　93
オースティン, ジョン　Austin, John　64, 86
オニール, オノラ　O'Neill, Onora　89

〈カ行〉

ガダマー, ハンス・ゲオルク　Gadamer, Hans-Georg　86
カント, イマヌエル　Kant, Immanuel　8, 9, 18, 27-29, 32, 41, 46, 49-61, 65-67, 69-73, 88, 93-95, 97, 102-107, 114-121, 125-135, 140, 143, 146, 149
ギーチ, ピーター　Geach, Peter　98
クルクセン, ヴォルフガング　Kluxen, Wolfgang　102
ゴールドマン, アルヴィン　Goldmann, Alvin　82, 83, 85
コンスタン, バンジャマン　Constant, Benjamin　114

〈サ行〉

シジウィック, ヘンリー　Sidgwick, Henry　42
シャーマン, ナンシー　Sherman, Nancy　52, 89
ショーペンハウアー, アルトゥール　Schopenhauer, Arthur　14, 52, 59
シンガー, ピーター　Singer, Peter　47, 147
スティーブンソン, チャールズ・L.　Stevenson, Charles L.　14
スマート, J. C.　Smart, J. J. C.　46
セネカ　Seneca　93, 116
ソクラテス　Sokrates　115

〈タ行〉

ダントー, アーサー　Danto, Arthur　82, 83, 85
チルドレス, ジェームズ F.　Childress, James F.　145
デイヴィドソン, ドナルド　Davidson, Donald　83, 85
テイラー, チャールズ　Taylor, Charles　25
ドゥンス・スコトゥス, ヨハネス　Duns Scotus, Johannes　51, 103, 116
トマス・アクィナス　Thomas von Aquin　51, 91, 97, 99, 102, 103, 106, 116

〈ナ行〉

ヌスバウム, マーサ　Nussbaum, Martha　88, 89

〈ハ行〉

パース, チャールズ・S.　Peirce, Charles S.　64
ハーストハウス, ロザリンド　Hursthouse,

Rosalind　89, 101.
ハーバーマス, ユルゲン　Habermas, Jürgen　29, 32, 63-75, 83-87, 110, 133, 149
バーリン, アイザイア　Berlin, Isaiah　114
パウロ　Paulus　92
パツィヒ, ギュンター　Patzig, Günther　34
ビーチャム, トム・L.　Beauchamps, Tom L.　145
ヒューム, デイヴィッド　Hume, David　14, 93, 103, 135
フィヒテ, ヨハン・ゴットリープ　Fichte, Johann Gottlieb　67
フォン・ウリクト, ゲオルク・ヘンリク　Von Wright, Georg Henrik　82
フット, フィリッパ　Foot, Philippa　89, 100, 101
プラトン　Platon　9, 34, 89, 91, 92, 99, 115
フランクファート, ハリー　Frankfurt, Harry　152
ブラント, リチャード・B.　Brandt, Richard B.　47
ヘア, R. M.　Hare, R. M.　16
ヘーゲル, ゲオルク・ヴィルヘルム・フリードリヒ　Hegel, Georg-Wilhelm Friedrich　52, 59, 67, 72

ヘッフェ, オトフリート　Höffe, Otfried　52
ペティット, フィリップ　Pettit, Philip　115
ペリー, ラルフ・B.　Perry, Ralph P.　16
ベンサム, ジェレミ　Bentham, Jeremy　32, 42
ホネフェルダー, ルドガー　Honnefelder, Ludger　52, 75, 103

〈マ　行〉

マッキンタイア, アラスデア　MacIntyre, Alsdaire　88
マルコム, ジョン・G.　Malcolm, John G.　145
ミード, ジョージ・ハーバート　Mead, George Herbert　86
ミル, ジョン・スチュアート　Mill, John Stuart　32, 41-45
ムーア, ジョージ・エドワード　Moore, George E.　16, 17, 26

〈ヤ・ラ行〉

ヨーナス, ハンス　Jonas, Hans　121, 122
ルイス, デイヴィッド　Lewis, David K.　16
レッシャー, ニコラス　Rescher, Nicolas　81, 82
レンク, ハンス　Lenk, Hans　122
ロールズ, ジョン　Rawls, John　48

事項索引

〈ア 行〉

意志　Wille　8, 28, 51, 53, 55-59, 66, 93, 103, 104, 116, 117, 128, 129
インフォームド・コンセント　informed consent　144, 145
エゴイズム　Egoismus　134, 153
エコロジー倫理　Ökologische Ethik　5, 144, 148

〈カ 行〉

患者の幸福　Patientenwohl　145, 146
患者の自律　Patientenautonomie　145, 146
帰結主義　Konsequentialismus　41, 43, 44, 46-48, 51, 101, 102, 104, 134,
技術倫理　Technikethik　5, 144
帰責　Zurechnung　121, 122
帰属　Zuschreibung　120, 121
規則功利主義　Regelutilitarismus　47
義務論　Deontologie　49, 52, 57, 93, 103, 116
義務論的倫理学（義務論倫理学）　deontologische Ethik（Pflichtenethik）　32, 41, 49, 51, 54, 102, 105
グローバル化　Globalisierung　105, 142, 143, 148
経済倫理　Wirtschaftsethik　5, 144
決疑法　Kasuistik　140, 141
厳格主義　Rigorismus　54, 59, 153
行為　Handlung　1-9, 79-87
行為功利主義　Aktutilitarismus, Handlungs-utilitarismus　46, 47
効用原理　Nützlichkeitsprinzip, Utilitätsprintip　22, 41-44
悟性（知性）　Verstand　89-92, 126, 127

〈サ 行〉

自然主義　Naturalismus
　　──倫理学的　ethischer　16, 93, 134
自然主義的誤謬（記述主義的誤謬）　naturalistischer Fehlschluss（deskriptivistischer Fehlschluss）　17, 102, 106
自足生活　Autarkie　9, 37, 39
実在論　Realismus
　　──道徳的　moralischer　14, 17, 116
実践　Praxis　1, 3, 9, 33, 34, 36-38, 80, 81, 87, 92, 93, 102, 113, 126, 149
自由　Freiheit　8, 9, 28, 36, 46, 51, 52, 55, 58, 60, 103, 104, 106, 113-123, 127-129, 131, 152
熟慮　Deliberartion　143, 145
種差別　Speziesismus　147
情緒主義　Emotivismus　14, 15, 146
自律（自律原理）　Autonomie（Autonomieprinzip）　8, 9, 28, 50, 51, 55, 58, 60, 65, 66, 93, 103, 106, 114, 116, 118, 120,
指令主義　Präskriptivismus　16
人権　Menschenrechte　25, 46, 58, 144, 148, 149
心情倫理　Gesinnungsethik　52, 55, 121
ストア派　Stoa, stoische Philosophie　9, 51, 88, 93, 97, 102, 116
正義　Gerechtigkeit, das Gerechte　9, 38, 46, 48, 69, 71, 92, 97, 107, 108-111, 113, 131, 133, 134
制作　Poiesis　36, 81, 84, 85
正統性　Legitimität　6, 72, 73, 108, 148
生命医療倫理　Biomedizinische Ethik　5, 144-147
責任　Verantwortung, responsibility　52, 73, 113, 121-123
責任倫理　Verantwortungsethik　121
善　Gutes, das Gute　9, 13, 34-39, 41, 51, 69, 70, 74, 75, 80, 85, 88, 91, 93, 95, 97-108, 110, 116, 126, 135, 142
選好功利主義　Präferenzutilitarismus　47
選択意志　Willkür　51, 53, 58, 115, 128
相対主義　Relativismus, ethischer　64, 134
存在論　Ontologie　11, 12, 15, 17, 50, 63, 83, 118-120

〈タ 行〉

多元化　Pluralisierung　143
多元主義（多元性）　Pluralismus　6, 27, 142, 149
知性の徳（知性的徳）　Verstandestugend　38, 81, 89-92, 126
超越論哲学　Transzendentalphilosophie　60, 61
超越論的語用論　Transzendentalpragmatik　63-65
定言命法　Kategorischer Imperativ　50, 51, 56-60, 65, 69, 105, 106, 129-133
適法性　Legalität　54
討議倫理学　Diskursethik　29, 32, 61, 63-75, 95, 97, 98, 106, 109, 110, 133-135, 146, 149
同情倫理　Mitleidsethik　14, 147
道徳批判　Moralkritik　152, 154
動物倫理　Tierethik　5, 143, 144, 147, 148
徳　Tugend　9, 38, 39, 51, 70, 81, 88-95, 100, 101, 104, 105, 109, 113, 116, 123, 126, 135
徳義務　Tugendpflichten　58, 93
徳倫理学　Tugendethik　32, 33, 39, 41, 81, 94, 95, 97, 98, 102, 104, 109, 116, 154,

〈ナ 行〉

人間の尊厳　Menschenwürde　46, 58, 60, 105, 106, 130-133, 135
認知主義　Kognitivismus　13, 14, 16, 17

〈ハ 行〉

反実在論　Antirealismus　13, 14, 16, 17
判断力　Urteilskraft
　——実践的　praktische　140, 141
反道徳主義　Immoralismus　154, 155
非認知主義　Nonkognitivismus　13, 14, 16, 17
ヒポクラテスの誓い　Hippokratischer Eid　144, 146
フェミニズム倫理　Feministische Ethik　5, 144
分析哲学　Analytische Philosophie　12, 17, 35, 100
法倫理　Rechtsethik　5, 148, 149

〈マ・ヤ・ラ行〉

無道徳主義　Amoralismus　152-155
メタ倫理学　Metaethik　11, 18, 79, 117, 121
メディア倫理　Medienethik　5
善きもの　Gutes, das Gute　→ 善
理性　Vernunft
　——理論　theoretische　52, 125-127
　——公共的　öffentliche　63, 122,
　——コミュニケーション的　kommunikative　72,
　——実践　praktische　8, 18, 21, 28, 38, 50-60, 63, 65, 66, 71, 72, 74, 75, 80, 93, 103, 104, 116, 119, 125-135
良心　Gewissen　20, 24-26, 74, 75, 116, 129
論理実証主義　Positivismus, logischer　12, 14,

《著者紹介》
マティアス・ルッツ=バッハマン（Matthias Lutz-Bachmann）
　1952年　生まれ
　現　在　フランクフルト大学哲学・歴史学部教授
主要著作
Transnationale Verantwortung: Überlegungen zu einem Prinzip der Anwendung normativer Ethik（Alber Verlag, Freiburg 2018〔刊行予定〕）
Michael Kühnlein/Matthias Lutz-Bachmann（Hrsg.）, Vermisste Tugend? Zur Philosophie Alasdair MacIntyres（Berlin University Press, Berlin 2015）
Matthias Lutz-Bachmann（Hrsg.）, Postsäkularismus. Zur Diskussion eines umstrittenen Begriffs（Campus Verlag, Frankfurt/New York 2015）
Matthias Lutz-Bachmann/Amos Nascimento（Hrsg.）, Human Rights, Human Dignity and Cosmopolitan Ideals. Essays on Critical Theory and Human Rights（Ashgate, Surrey/Burlington 2014）
邦訳書
『人権への権利：人権、民主主義そして国際政治』（ハウケ・ブルンクホルスト，ヴォルフガング・R. ケーラー，マティアス・ルッツ=バッハマン編，舟場保之／御子柴善之監訳，2015年）
『平和構築の思想：グローバル化の途上で考える』（マティアス・ルッツ=バッハマン，アンドレアス・ニーダーベルガー編著，舟場保之／御子柴善之監訳，2011年）
『カントと永遠平和：世界市民という理念について』（ジェームズ・ボーマン，マティアス・ルッツ=バッハマン編，紺野茂樹／田辺俊明／舟場保之訳，未来社，2006年）

《訳者紹介》
桐原　隆弘（きりはら　たかひろ）
　1970年　島根県生まれ
　2001年　立正大学大学院文学研究科博士後期課程単位取得退学
　2006年　フランクフルト大学哲学歴史学部にてPh.D取得
　現　在　下関市立大学経済学部教授
主要業績
Verbindung freier Personen. Zum Begriff der Gemeinschaft bei Kant und Scheler（Verlag Königshausen & Neumann, 2009）
「自然の隔離か自然の取り込みか？――文化の位置づけの観点から見たドイツ生殖医療技術論争」（『下関市立大学論集』第59巻第3号，2016年）
「脳科学と自由意志――ヴォルフ・ジンガーの人間学的問題提起をめぐって」（『哲学』第61号，2010年）
ミヒャエル・クヴァンテ『精神の現実性――ヘーゲル研究』（共訳，リベルタス出版，2017年）
アンゼルム・W. ミュラー『徳は何の役に立つのか？』（共訳，晃洋書房，2017年）
ヴォルフガング・ケアスティング『自由の秩序――カントの法および国家の哲学』（共訳，ミネルヴァ書房，2013年）

倫理学基礎講座

| 2018年2月10日 | 初版第1刷発行 |
| 2022年11月15日 | 初版第2刷発行 |

＊定価はカバーに表示してあります

著　者　　M.ルッツ=バッハマン
訳　者　　桐原隆弘
発行者　　萩原淳平

発行所　株式会社　晃洋書房
〒615-0026　京都市右京区西院北矢掛町7番地
電　話　075(312)0788番(代)
振替口座　01040 - 6 - 32280

装丁　尾崎閑也　　　　印刷・製本　西濃印刷㈱

ISBN 978-4-7710-2919-4

JCOPY 〈㈳出版者著作権管理機構　委託出版物〉
本書の無断複写は著作権法上での例外を除き禁じられています。
複写される場合は，そのつど事前に，㈳出版者著作権管理機構
（電話 03-5244-5088, FAX 03-5244-5089, e-mail:info@jcopy.or.jp）
の許諾を得てください。